すぐに役立つ

◆図解とQ&Aでわかる◆
住宅宿泊事業法のしくみと民泊の法律問題解決マニュアル

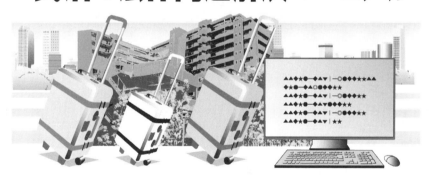

行政書士 **服部 真和** 監修

三修社

本書に関するお問い合わせについて

　本書の記述の正誤、内容に関するお問い合わせは、お手
数ですが、小社あてに郵便・ファックス・メールでお願い
します。お電話でのお問い合わせはお受けしておりません。
内容によっては、ご質問をお受けしてから回答をご送付す
るまでに1週間から2週間程度を要する場合があります。

　なお、本書でとりあげていない事項や個別の案件につい
てのご相談、監修者紹介の可否については回答をさせてい
ただくことができません。あらかじめご了承ください。

はじめに

2018年6月15日に施行された住宅宿泊事業法は、その3か月前より準備行為として、住宅宿泊事業や管理業、仲介業の受付がなされていましたが、関係者が事前に予想していたよりも、はるかに少ない件数しか、届出や登録がされませんでした。

大手民泊仲介サイトであるAirbnbの民泊登録件数は全国で6万2000件ありましたが、法律施行前に行われた未届出物件の一斉削除後は、1万4000件しか残りませんでした。

考えられる要因としては、行政の処理が遅れている、旅館業許可取得をめざしている、などの点を除いても、その大部分が法律や条例の要件や規制が難解すぎて、敷居が高く感じられている点と、営業日数上限に対して消防設備や建築関係のコストが読みにくい点にあると思います。

本書は、このような事情にある民泊に関する法律について、申請者や届出者の視点に立ち、疑問に感じるポイントごとに分類し、Q&A方式で解説しています。

それぞれの回答では、関連する法律に触れ、疑問の解決に向けたアドバイスを加えることで、法令や規制などの理解の一助となり、また申請や届出の敷居を低く感じて頂けるよう心がけました。

第1章、第2章では民泊に関する全体的な知識を網羅し、第3章で住宅宿泊事業法（民泊新法）、第4章で6月15日に改正法が施行された旅館業法を取り上げ、第5章では、住宅宿泊事業法と旅館業法に共通する消防法と建築基準法などにスポットを当てています。

すでに営業を行っている民泊事業者をはじめ、手続きに進めていない事業開始予定者、そしてそれらを支援する行政書士、建築士など民泊に関わるすべての皆様が、広く本書をご活用頂ければ、監修者として幸いです。

監修者　行政書士　服部　真和

Contents

はじめに

第1章　民泊ビジネス開業のための基礎知識

1　民泊ビジネスのニーズが高まっていますが、旅館業と住宅宿泊事業、
　　違法民泊との区別がわかりません。　12

2　民泊ビジネスが拡大している背景には、どんな社会問題があるので
　　しょうか。　13

3　Airbnb などの民泊仲介サイトについて教えてください。　15

4　Airbnb を利用した場合、どのような流れでホストとゲストのマッ
　　チングが行われるのでしょうか。Airbnb の利用には、どんなメリッ
　　トがあるのでしょうか。　18

5　仲介サイトを利用した場合の手数料について教えてください。　21

6　仲介サイトなどの保証制度はどんなしくみになっているのでしょうか。　22

7　民泊仲介サイトを利用する際にどんな点に注意したらよいのでしょ
　　うか。　24

8　民泊の初期費用について教えてください。また、本業との両立は可
　　能でしょうか。　26

9　地方でも民泊ビジネスを行うことは可能でしょうか。　29

10　民泊運営管理代行業について教えてください。　30

11　民泊運営管理代行業務の委託費はどのくらいかかるのでしょうか。　31

12　民泊運営管理代行業者はどのように選べばよいのでしょうか。　32

13　民泊事業の収益化には何が必要なのでしょうか。　35

14　宿泊料金はどのように決めればよいのでしょうか。　36

15　宿泊料金の詳しい料金体系について教えてください。　37

16　民泊ビジネスにおいてはどのような層のゲストに来てもらえばよい
　　のでしょうか。　39

17　民泊ビジネスを成功させるため、利益をキープできる範囲で宿泊料
　　さえ安くすれば本当によいのでしょうか。　42

18 同業者との差別化のためにどのような付加価値をつける必要がある
   のでしょうか。ポイントを教えてください。   43

19 民泊では宿泊者の本人確認は必要でしょうか。どのような点に留意
   する必要がありますか。   46
   　書式　宿泊者名簿   48

20 宿泊者名簿について教えてください。   47

21 近隣住民への説明や説明会では、どのようなことをするのでしょうか。 49

22 民泊ビジネスで想定されるトラブルの対応策について教えてください。 51

23 トラブルが発生した場合にはどのように対処するのがベストでしょ
   うか。   53

24 宿泊拒否をすることはできないのでしょうか。   54

25 地域コミュニティとの調和を図るにはどうしたらよいでしょうか。   55

26 借主が貸家を利用して無断で民泊を経営しています。民泊経営を無
   断転貸として、賃貸借契約を解除することは可能でしょうか。   56

27 トラブル防止のためのハウスルールの作り方について教えてください。 57
   　書式　ハウスルール   58

28 営業開始後に必要な事項を教えてください。   59

第2章　民泊をめぐる法律の全体像

1 民泊とゲストハウス、簡易宿所はどのように違うのでしょうか。   62

2 民泊ビジネスをやりたいのですが、小規模な施設です。このような
  場合にも旅館業法の理解が必要になるのでしょうか。   64

3 旅館業法の規制対象となる基準について教えてください。   65

4 知人・友人を宿泊させる場合でも旅館業法上の許可や住宅宿泊事業
  の届出が必要ですか。   66

5 民泊は賃貸業にはあたらないのでしょうか。合法的に民泊ビジネス
  を行うにはどうしたらよいのでしょうか。   67

6 旅館業法の特例制度としての特区民泊とはどんな制度なのでしょう
  か。要件はかなり厳しいと聞きましたが本当でしょうか。   68

7 国家戦略特区とはどのようなものなのでしょうか。   69

8 住宅宿泊事業法はどんな法律なのでしょうか。 71

9 なぜ旅館業法の罰則が強化されたのでしょうか。 73

10 違法営業に対する改正以外の旅館業許可取得要件に関する改正について教えてください。 74

11 民泊をする際の法人の定款の考え方について教えてください。 75

12 原本証明とはどのようなものでしょうか。 76

13 民泊は、税金面で不利な点があると聞いたのですが、本当ですか。 78

14 旅行業法とはどんな法律なのでしょうか。 79

15 民泊をする際には検査済証がいると聞いたのですが本当でしょうか。 80

16 土地建物の登記が共有名義だった場合でも民泊はできますか。 81
　　　書式 使用承諾書 82

17 民泊では水質汚濁防止法の届出が必要になる場合があると聞いたのですが、どんな場合に必要なのでしょうか。 83

18 風俗営業法と民泊の関係について教えてください。 84

19 民泊の手続きはどんな専門家に依頼したらよいのでしょうか。 86

第3章　住宅宿泊事業法のしくみ

1 なぜ住宅宿泊事業法が制定されたのでしょうか。旅館業法との違いを教えてください。 90

2 住宅宿泊事業法の全体像について教えてください。 92

3 住宅宿泊事業の大きな特徴は何でしょうか。 94

4 マンションで住宅宿泊事業を行う場合に、どのような留意点がありますか。 95
　　　書式 住宅宿泊事業を営むことを禁止する意思がないことを確認した誓約書 97

5 ウィークリーマンションで空いている期間だけ住宅宿泊事業はできますか。 98

6 住宅宿泊事業で同時に複数グループを宿泊させる際にどんな点に注意すればよいのでしょうか。 99

7 施設に関する要件について教えてください。 100

8 「現に人の生活の本拠として使用されている家屋」とは、どう判断されるのでしょうか。 102

9　入居者の募集が行われている家屋とは、どのように判断されるのでしょうか。　103

10　「随時その所有者、賃借人又は転借人の居住の用に供されている家屋」とは、どう判断されるのでしょうか。　104

11　不在の要件や定義について詳しく教えてください。　105

12　自分の住居のすぐ近くでも家主同居型で届出はできないのでしょうか。106

13　住宅宿泊事業が行える住宅の確認方法を教えてください。　107

14　管理業者に委託しなくてもよいのはどんな場合でしょうか。　108

15　自宅事務所あるいは店舗併設住宅でも住宅宿泊事業は行えますか。　109

16　新築物件で住宅宿泊事業の届出をすることはできますか。　110

17　トイレや風呂が共用の共同住宅で住宅宿泊事業はできますか。　111

18　洗面設備がない住居ですが、住宅宿泊事業の要件を満たさないのでしょうか。　112

19　住宅宿泊事業を営むことのできないのはどんな場合でしょうか。　113

20　同居していれば、本業をしながら住宅宿泊事業を行えますか。　114

21　居室の考え方について具体的に教えてください。　116

22　宿泊室の考え方について具体的に教えてください。　119

23　宿泊室以外の宿泊者が使用する部分の考え方について詳しく教えてください。　121

24　ロフトや坪庭なども居室の面積に入りますか。　123

25　住民の生活環境保全に関する義務について教えてください。　124

26　宿泊者の安全確保について、具体的に何をすればよいのでしょうか。125

27　「外国人観光旅客への快適性・利便性の確保」とは具体的に何をすればよいのでしょうか。　127

28　住宅宿泊事業者に課されるその他の義務について教えてください。　128

29　掲示標識3種類の違いがよくわからないので教えてください。　130

30　住宅宿泊管理業者はどのような業務を行うのでしょうか。　131

31　住宅宿泊管理業の登録要件を教えてください。　132

32　住宅宿泊管理業者の義務にはどのようなものがありますか。　135

33　住宅宿泊事業届出の手続きの流れと必要書類について教えてください。139

34 登記されていないことの証明、身分証明書とはどのようなものなのでしょうか。 142

35 日本在住の外国籍です。添付書類の「身分証明」の代わりは何が必要ですか。 143

　　書式 宣誓供述書 144

36 住宅宿泊事業の届出を連名で行うことができると聞いたのですが、本当でしょうか。 145

37 住宅宿泊事業は「住宅」で営業できるはずが消防署では「旅館だ」と言われました。なぜでしょうか。 146

38 住宅宿泊事業の届出にはどんな書類が必要になるのでしょうか。自治体ごとに違いがあるのでしょうか。 147

39 住宅宿泊管理業登録の流れについて教えてください。 149

40 住宅宿泊管理業の登録にはどんな書類が必要になるのでしょうか。 151

41 住宅宿泊管理契約書について教えてください。 152

42 民泊制度運営システムについて教えてください。 154

43 手続きをどのようにシステム上で行えばよいのでしょうか。 155

44 本人確認をどのようにシステム上で行えばよいのでしょうか。 157

45 民泊制度運営システムに必要な電子署名とはどんなものなのでしょうか。 159

46 事業開始後に住宅宿泊事業者にはどのような責務があるのでしょうか。 160

47 住宅宿泊事業の届出後の義務について教えてください。 163

48 住宅宿泊事業者に課される行政指導や処分について教えてください。 164

49 住宅宿泊管理業者にはどのような義務があるのでしょうか。 165

50 住宅宿泊管理業の実務経験は具体的にどのようなものがありますか。 167

51 住宅宿泊管理業の要件である「財産的基礎」の証明方法を教えてください。 168

52 住宅宿泊管理業務を適切に実施するために必要な体制の具体例を教えてください。 169

53 住宅宿泊管理業者が定められた義務を適切に履行しなかったり、適正な運営がなされていないときはどうしたらよいのでしょうか。 170

第4章　旅館業法のしくみ

1　旅館業の種類と法改正の内容について教えてください。　172

2　法改正により玄関帳場が不要になったと聞いたのですが本当でしょうか。　175

3　法令に定められた設備基準について教えてください。　176

4　旅館業法か住宅宿泊事業法さえ遵守すれば民泊ビジネスは適法に行えますか。　179

5　住宅を旅館に変更する際の注意点を教えてください。　181

6　どのような建物を旅館にできるのでしょうか。　183

7　マンションで旅館業を行う場合に、どのような留意点がありますか。　186

8　旅館業法の規制が免除されるイベント民泊とはどのようなものなのでしょうか。　187

9　旅館業法上の簡易宿所営業の許可を得るまでの手続きの全体像と必要書類について教えてください。　188

10　旅館業許可ではどんな書類を提出すればよいのでしょうか。添付書類についても教えてください。　190

11　旅館業に関する自治体ごとの条例改正について教えてください。　192

12　なぜ、自治体ごとに旅館業の違いが生じるのでしょうか。条例が旅館業法に与える影響について教えてください。　194

13　旅館業の申請事項に変更が生じた場合にはどうしたらよいのでしょうか。　195

第5章　民泊ビジネスに関連する建築基準法や消防法の知識

1　なぜ民泊では、建築基準法が問題となりやすいのでしょうか。　198

2　民泊をする際に重要と言われる消防法とはどんな法律ですか。建築基準法との関係についても教えてください。　200

3　用途地域とは何ですか。どんな種類があるのでしょうか。　202

4　用途地域や条例以外にも民泊が制限される地域があるというのは本当でしょうか。　204

5　防火対象物とはどのようなものでしょうか。民泊も該当するのでしょうか。　205

6 民泊の管理者と防火管理者は何が違うのでしょうか。 208

7 戸建てを民泊に活用しようと思い、消防署に相談したところ、3階建ては耐火建築物しか行えないと言われました。どういうことでしょうか。 210

8 長屋（連棟）では、民泊がしにくいと聞きましたが、なぜでしょうか。 214

9 民泊をはじめる際に初期投資として消防設備が必要と聞きました。どのようなものを準備する必要がありますか。 215

10 旅館業や住宅宿泊事業法などの民泊を行う際に必要とされる非常用照明とはどんな照明装置なのでしょうか。 217

11 非常用照明の設置基準などを詳しく教えてください。 218

12 建築確認や用途変更とはどんなことをしなければならないのでしょうか。 220

13 もうすぐ建築基準法の確認申請の基準が緩和されるのでしょうか。 221

14 住宅を「ホテル又は旅館」に用途変更する際の注意点について教えてください。 222

15 民泊では接道義務が問題になると聞きました。どのような義務ですか。 224

16 民泊は火災に関するリスクが高いと聞きます。詳しく教えてください。 226

第6章　必要書類の書き方と書式

住宅宿泊事業関係の書類の書き方と書式
書類の書き方　228
　書式 住宅宿泊事業届出書　231
　書式 欠格事由に該当しない誓約書　236

住宅宿泊管理業の必要書類の書き方と書式
書類の書き方　238
　書式 住宅宿泊管理業者登録申請書　240

届出や登録をオンラインで行う手続き
手続きの仕方　246

消防関係の届出
消防法に関する手続き　250
　書式 消防用設備等（特殊消防用設備等）設置届出書　252
　書式 防火対象物使用開始届出書　253
　書式 消防法令適合通知書交付申請書　255

第1章

民泊ビジネス開業のための基礎知識

 法律上の民泊とは、旅館業者以外の者が住宅を活用し宿泊料を得て行うサービスです。

　民泊とは、広い意味では、「一般の住居に泊まること」を意味しますので、本来的には有料であるか無料であるかは関係ありません。しかし、最近話題になっている「民泊」とは、新たなビジネスモデルとしての「民泊」です。つまり、自分が居住用に使用している家や別荘、投資目的で所有している部屋などを、AirbnbやBooking.com、STAY JAPANなどの民泊仲介サイトに掲載することで、観光客などに紹介し、宿泊施設として有料で貸し出すサービスのことです。このように、一般的に「民泊」という言葉は、通称として用いられていた用語であり、旅館業の許可取得の有無などは区別されてきませんでした。しかし、2018年6月から施行された「住宅宿泊事業法」により、はじめて法律用語としての民泊が定義付けられ「住宅宿泊事業」と称されることになりました。

　この「住宅宿泊事業法」をふまえると、法律用語としての民泊とは「住宅を活用して宿泊料を受けて、宿泊サービスを提供すること」をいい、かつ「旅館業に基づく営業者以外の者が営むもの」のすべてを指すものといえます。ただし、現在においてもマスメディアや地域住民にとっては、旅館業と住宅宿泊事業、またはこのいずれにも該当しない違法民泊との区別が明確になされていないことに留意する必要があります。

民泊ビジネスが拡大している背景には、どんな社会問題があるのでしょうか。

外国人観光客の宿泊先の確保と、空き家対策の2点が挙げられています。

　日本で民泊ビジネスが拡大した背景には、次の2つの理由があります。まず一つ目は、増加し続ける外国人観光客の受け入れ先として、非常に需要度が高くなっている、という点です。

　近年、日本政府は、日本を訪れる外国人観光客数を増加させるため、外国人向けの観光業に非常に力を入れてきました。また、日本は2020年に東京オリンピック・パラリンピックの開催を控えており、開催期間中やその前後には、かつてないほど多くの外国人観光客が日本に押し寄せることが想定されています。

　増加する外国人観光客を受け入れるだけの環境は、まだ十分に整備されておらず、特に、ホテルなどの宿泊施設が足りていないという点は、非常に深刻な問題です。増加する観光客をカバーできるだけの新設ホテルを短期間に用意することは困難と考えられます。そこで、民泊によって、こうした需要に応えようという動きが盛んになったわけです。

　民泊ビジネスが拡大するもう1つの理由は、空き家対策の一手段と考えられている点にあります。日本の住宅は、高度経済成長期から今日に至るまで、大量に供給され続けてきました。しかし、人口が減少に転じた現在の状況下では、住宅は飽和状態になっています。さらに、核家族化の進行なども相まって、独居生活の高

第1章 ● 民泊ビジネス開業のための基礎知識　13

齢者が増えていることも原因となっています。その高齢者が亡くなったり、施設に入所するというような事態をきっかけに、その住宅には誰も住まなくなり、そのまま放置されてしまう、という現象が、地方や郊外の地域だけにとどまらず、都市部においても非常に深刻な社会問題となっています。誰も住まなくなった空き家を手入れするにはそれなりの労力が必要ですし、建物を取り壊すにもかなりの費用が必要になります。

　そこで、空き家となった建物を民泊に活用し、収益化するというビジネスが盛んになったわけです。

　しかし、必ずしも空き家を宿泊施設にすることが、空き家対策につながるわけではないことに注意する必要があります。たとえば宿泊客による騒音やゴミ出しなどをめぐる近隣トラブルの問題も指摘されており、周辺住民にとっては、空き家のままの方がよかったという事態に陥ることさえあります。このような複雑な事情をふまえて、旅館業法や住宅宿泊事業法に対する規則や条例などのルール作りが政府や自治体でも慎重に進められたわけです。

■ 訪日外国人の民泊等利用率の推移

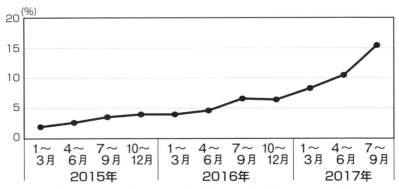

※「民泊等」とは、ホテル、旅館、別荘、親戚・知人宅、ゲストハウス以外を指します。
※ 観光庁「平成29年訪日外国人消費動向調査」を基に作成。

 **Airbnbなどの民泊仲介サイトについて教えてください。**

 宿泊施設の提供者と宿泊客を結びつけることを目的にした登録制のサイトです。

　国内で民泊ビジネスが拡大した背景に、外国人観光客の急増や、空き家の増加があったことはすでに述べたとおりですが、そもそも、世界的に民泊が流行したのは民泊仲介サイトの台頭によるところが大きいといえます。民泊仲介サイトとは、宿泊施設を提供したい人と、宿泊先を探している人が、相互の需要を満たす条件でつながることを目的としたサイトのことで、民泊ビジネスを運営する人にとっても、民泊を利用したい人にとっても、非常に便利なサイトとなっています。民泊仲介サイトにはいくつかの種類があり、登録方法やルールはそれぞれのサイトごとに異なっています。

　民泊仲介サイトの中でも特に有名なのがAirbnbです。

　Airbnb（エアビーアンドビー）とは、アメリカ（カリフォルニア州サンフランシスコ）に本社を置くベンチャー企業が運営しているサイトです。家主に代わって宿泊客を探してくれる、いうならば民泊サービスを安心・安全かつ具体的に実現するための手段となるサイトです。

　Airbnbという名前の由来は、「Airbed and breakfast」からきています。「bed and breakfast」とは、一般的に、イギリス発祥の朝食付き簡易宿泊施設（B＆B）のことをいいます。

第1章 ● 民泊ビジネス開業のための基礎知識　15

Airbnbの発祥は、アパートの空きスペース（居間）にエアーベッドを置いて、小さなB＆Bを作ったことがきっかけと言われています。インターネット上で宿泊したい人を募集し、それによって得た収益（宿泊料）で、その部屋自体の家賃の支払いをすることができた、という経験が、Airbnbを立ち上げる動機になったようです。

　空きスペースを他人とシェアすることは、利益を上げる手段になると同時に、さまざまな人との交流を図る機会にもなります。普段通りの生活をしながら、世界中の人とつながることができるという点が、Airbnbの普及した理由のひとつだといえるでしょう。

　もっとも、Airbnbが仲介する物件には、家主が居住していないタイプのものもあることから、ホームステイのように海外の人との交流が必ずしも目的となっているわけではありません。個室貸しやシェアルームで家主が居住する場合は、ホームステイと同様、異文化交流を楽しむこともエッセンスのひとつと考えられますが、家主非同居型ではあくまでも収益を上げることがメインテーマとなっていることから、Airbnbを利用した民泊はホームステイに比べ、ビジネス色が強いといえます。

●Airbnbは日本国内でも利用拡大した

　Airbnbは、民泊ブームの火付け役的な存在であるといっても過言ではありません。2008年にサービスが開始されてから、英語圏を中心に急速に利用者が拡大していき、またたく間に世界中の人に利用されるビッグビジネスへと成長を遂げました。2018年1月にはAirbnbを利用した通算宿泊者総数は約2億人を達成しています。

　Airbnbには、世界191か国、6万5000か所の街の住宅が掲載されています。掲載されている総数は200万件以上にのぼります。この中には、もちろん日本の住宅も含まれています。

日本国内においてAirbnbに掲載されている住宅の件数は、2018年1月時点で5万6000件を超えています。都道府県別の内訳をみると、東京都が約2万件、大阪府が約1万3000件、京都府が約6000件、北海道が約2500件、沖縄県が約2000件となっています。都市部だけでなく、地方の住宅の掲載数も年々増加傾向にあります。

　また、2018年1月時点の日本国内でAirbnbの宿泊施設を提供した人（ホスト）の人数は約20,000名であり、宿泊した人のほとんどは海外からの観光客が占めています（全体の90％以上）。特に、アジア圏からの観光客に利用される割合が、非常に多くなっているようです。

　今後、Airbnbを活用した民泊ビジネスが、日本社会において一層浸透していくことが予想されています。

■ 主な民泊仲介サイト

Airbnb （エアビーアンドビー）	世界192か国、33000都市で80万以上の宿を提供する代表的な民泊仲介サイト。
STAY JAPAN	日本初の民泊総合サイト。日本の企業が運営しているサイトであり、宿泊保険が充実しているので安心感がある。
とまりーな	STAY JAPANのうち、農林漁業体験に特化した民泊サイト。地方部の農家民泊を運営したいホストにおすすめのサイト。
HomeAway	アメリカテキサス州に本社を置く民泊仲介サイト。エアビーアンドビーに比べると利用者数は少ないが、エアビーアンドビー同様ホスト側の手数料が3％と割安なのが魅力。
Roomstay	日本の企業が運営する民泊仲介サイト。手数料は3割と高めだが、利用にはソーシャルメディア認証を要求するなど安心・安全なしくみになっている。

第1章 ● 民泊ビジネス開業のための基礎知識　　17

Airbnbを利用した場合、どのような流れでホストとゲストのマッチングが行われるのでしょうか。Airbnbの利用には、どんなメリットがあるのでしょうか。

ホストがAirbnbに掲載した住宅情報を基に、ゲストが宿泊のリクエストを行います。

　Airbnbなどの仲介サイトを利用すれば、誰でも手軽に民泊ビジネスを始めることができます。まず基本的な用語として、Airbnbでは、住宅を提供する側を「ホスト」、宿泊する側を「ゲスト」、サイトに掲載されている宿泊施設を「リスティング」といいます。

　民泊ビジネスを始めたいと考えたら、まずは民泊に使用する住宅をAirbnbに掲載する必要があります。掲載する際には、特に費用はかかりません。このとき、宿泊に関するさまざまな条件も一緒に設定しておきます。ゲスト側がこれらの情報を確認し、当該リスティングに泊まりたいと思ったら、ホスト側に宿泊のリクエストをします。リクエストを受けたら、今度はホスト側がゲストの情報を確認して、リクエストを受け入れるかどうかを判断します。ホスト側がリクエストを受け入れると、宿泊予約が成立したことになりますので、後は提示した条件に合わせて、当日のやり取りが行われることになります。

　宿泊料の決済は、すべてAirbnbを通して行われます。ゲストは予約が成立した時点で宿泊料をAirbnbに支払い、Airbnbはゲストがチェックインした後にホストへ宿泊料を渡すというシステムになっています。

また、ゲストとホストは、宿泊料の金額を基準として計算した金額を、Airbnbに手数料として支払う必要があります。具体的には、ゲストは宿泊料金の6〜12%、ホストは宿泊料金の3%を手数料としてAirbnbに支払います。ゲスト側の手数料を高く設定する代わりに、ホスト側の手数料が低く抑えられている、という点がAirbnbの大きな特徴であり、魅力ある多くのリスティングがAirbnbに集まる大きな要因になっています。

●どんなメリットがあるのか

　Airbnbを利用する最大のメリットは、高い信用性が確保できるという点にあります。国や文化の違う、見ず知らずの人同士がやり取りをすることになるため、ホスト側・ゲスト側の双方がともに信頼のおける人物であることが、民泊取引の必須条件となります。この点、Airbnbは、ホスト・ゲストの双方が、登録時に自分のプロフィールを公表するシステムになっています。名前、顔写真、使用できる言語、電話番号やメールアドレス、趣味や職業など、さまざまな情報を積極的に公表することで、自分が信頼のおける人物であることを他のユーザーに証明するわけです。

　また、ID認証制度を利用すれば、さらに信用度を高くすることが可能です。これは、Airbnbにパスポートや運転免許証など

■ Airbnbのしくみ ……………………………………………………………

① リスティングを掲載　　　　② 宿泊リクエストを送信

Airbnb

③ リクエストを承認　　　　④ 宿泊料・手数料（宿泊料金の
④ 手数料（宿泊料金の3%）　　　6〜12%）の支払い
　の支払い

⑤ 宿泊料の支払い（ゲストがチェックインして24時間後）

第1章 ● 民泊ビジネス開業のための基礎知識　　19

の画像データを提出したり、facebookなど個人を特定できるSNS（利用実績があるものに限る）と連携させることによって、自分が信頼のおける人物であることを、Airbnbに認証してもらう制度です。ID認証を受けると、プロフィールにID認証済みのマークがつくため、相手に取引に応じてもらいやすくなるのです。

さらに、Airbnbには、レビューを投稿できるという制度もあります。ゲストがチェックアウトしてから48時間以内であれば、取引内容がどうであったか、感想を書き込むことが可能です。これは、ゲスト側だけでなくホスト側も、取引相手の対応がどうであったか、評価できるしくみになっています。

レビューに高評価が集まるほど、次回以降、取引相手に信用してもらえるようになり、ホスト側は宿泊リクエストが増え、ゲスト側は宿泊リクエストを受け入れてもらいやすくなるわけです。

ゲストとホストが、ともに相手から高評価を得ようと努力するようになるという効果が期待できますので、サイト全体の民泊の質が向上することにもつながっています。

●ホスト同士の交流の場もある

Airbnbなどの仲介サイトは、一般の個人が部屋を貸し出すサービスです。知識や経験の浅い一般人がホストになるため、民泊を運営していると、さまざまな問題に直面し、悩んだり疑問を持つこともよくあります。こうした悩みや疑問を解消するために、Airbnbではホスト同士の交流をサポートするサービスを用意しています。たとえば、あるホストが経験したことを掲示板に書き込んで皆で共有しあったり、特定のホストに非公開で質問をすることもできます。

また、ミートアップという、ホスト仲間と直接会うことのできるオフ会も開催されています。こうした交流会を利用しながら、よりよいホストをめざしていくとよいでしょう。

仲介サイトを利用した場合の手数料について教えてください。

宿泊契約が締結された時点で、ホストやゲストに対する手数料が発生します。

　手数料については、仲介サイトごとに異なるため、注意が必要です。特に、仲介サイトの中には、民泊のホストからだけではなく、ゲストからも手数料を徴収しているところもあります。

　多くの宿泊サイトでは、物件をサイトに掲載すること自体に手数料を徴収しているサイトはあまりありません。ゲストとの間で宿泊契約が締結された時点で、手数料が発生するしくみを採用している仲介サイトが多く、仲介サイトがゲストから宿泊料の支払いを受け取り、そこから手数料の金額を差し引いた額を、民泊のホストに振り込む制度を採用している場合が多いといえます。

■ 仲介サイトに支払う手数料の目安

仲介サイト	手数料
Airbnb	1か月の総宿泊収入に対して3％の額
Homeaway	「年間349米ドル」または「宿泊収入の8％」
Booking.com	宿泊収入の9％〜12％
stay japan	宿泊収入の10％
agoda	宿泊収入の9％〜12％
room stay	宿泊収入の30％
自在客	宿泊収入の10％

第1章 ● 民泊ビジネス開業のための基礎知識　21

Question 6 仲介サイトなどの保証制度はどんなしくみになっているのでしょうか。

ゲストの宿泊が原因で生じたホストの損害について、保証金により賠償する制度です。

　事前に「相手が信用できる人物か」と入念にチェックしたとしても、トラブルが発生する可能性をゼロにはできません。まれに、盗難など、ゲストの故意による犯罪行為が発生する場合もあります。また、ゲストの不注意で部屋の設備が壊れてしまった、部屋のカギなどホストから借りていたものを返却し忘れてしまった、など、さまざまな問題が生じることもあります。このような場合に備えて、Airbnbには一定の保証制度が設けられています。
　具体的には、宿泊予約が成立した時点でゲスト側に一定の金額（保証金）が設定されますので、ゲストは保証金をAirbnbに預けておくことができます。ゲストの宿泊によってホストに何らかの損害が生じた場合には、その保証金を賠償金に充てることができるという制度です。たとえば、ゲストがコップを割ってしまった、などの軽微な損害が生じた場合には、Airbnbを通して迅速に損害発生に対応してもらうことができます。ホストはゲストに直接賠償請求をする必要がありませんので、お互いに無用のトラブルを避け、安心してリスティングを提供・使用することができます。

●ホスト保証とホスト補償保険
　「ホスト保証」とは、Airbnbを通して成立した全予約に対して無料でつくサービスで、ゲストが保証金を設定していない、ある

いは保証金を超える損害が発生した場合に利用できる制度です。ゲストが滞在中にホストの所有物やリスティングの設備を破損し、大きな損害が発生した場合に、その被害を補償するサービスで、最高で1億円まで対応してもらえます。たとえば、ゲストが賠償金の支払いを拒絶した、ゲストと連絡がつかなくなってしまった、ゲストに支払うだけの資力がなかった、といったトラブルが生じた場合に、Airbnbにその肩代わりをしてもらえます。

　ただし、この制度が適用されるためには、さまざまな条件があります。たとえば、金銭や宝石類などの貴重品や、ペットや対人の被害や老朽化・摩損が原因の損傷については、ホスト保証の適用外となっていますので、注意が必要です。また、損害が発生した場合には、そのことを証明する必要がありますので、現場の証拠写真や修理の見積書、修理費の領収証などをAirbnbに提出する必要があります。保証される宿泊施設は適用法令をすべて遵守している必要があります。

　ホスト保証の申請を行う場合は、ゲストのチェックアウトから14日以内、あるいは次のゲストがチェックインする日のいずれか早い日付までに、支払申請フォームから申請を行う必要があります。なお、＄300USDを超える損害については警察への被害届を提出する必要があります。一方、「ホスト補償保険」とは、ホストが第三者に損害賠償を請求された場合に、その第三者に生じた被害をAirbnbが補償する制度です。たとえば、ゲストがバスルームを破損したことで水漏れが生じ、マンションの下の階に住む第三者の所有物を壊してしまった、ような場合に、最高100万ドル（USD）まで補償を受けることができます。

　ホスト補償保険は、対人・対物事故の双方に対応しています。しかし、ホストによる意図的な脅迫・暴行行為、逸失利益、伝染病、テロ活動、製造物責任、公害、などは対象外となります。

民泊仲介サイトを利用する際にどんな点に注意したらよいのでしょうか。

掲載している物件について、届け出など必要な手続きをする必要があります。

　AirbnbやBooking.comなどの民泊仲介サイトは、日本国内において急速な広がりを見せています。しかし、これに対し、旅館業許可や住宅宿泊事業の届出をしていない建物や部屋を副業感覚で気軽に仲介サイトに載せてしまうと、違法行為となってしまいます。

　たとえば、民泊仲介サイトに宿泊施設を掲載した場合、実際には営業目的がなかったとしても、営業行為であると判断され、ペナルティを受ける可能性があります。

　また、自分の借りているマンションの一室を民泊に利用した場合、その行為は厳密には転貸とは異なりますが、貸主の許可を得ていなければ、賃貸借契約そのものを解除されてしまう可能性もあります。民泊ビジネスを開始するためには、こうした問題点をしっかりと理解した上で、適切な手続きを経る必要があるのです。

　なお、観光庁が2018年6月15日までに民泊仲介サイトに掲載されている無許可（無届出）物件を運用する会社に削除するように通知していたことも記憶に新しいところです。

　また、住宅宿泊事業法では、民泊ビジネスの営業者だけでなく、民泊仲介サイトの運営者も「住宅宿泊仲介業者」として民泊事業者の届出とはまた異なる様式で観光庁に対して登録申請を行うことが定められています。民泊仲介サイトとして代表的なAirbnb

自身も住宅宿泊事業法に従い観光庁への登録と法令遵守のための必要な対策を行いました。

さらに、新規に民泊事業者をAirbnbに登録する際、登録された情報を該当する都道府県に提供し、届出があるかどうかを確認することとしています。届出のない場合は、当然違法にあたることから、登録が取り消されます。また、住宅宿泊事業法上で規制されている年間営業可能日数上限の180日を超える場合はリスティングを自動的に取りやめるシステムも構築されました。

今後もこのように、さらに民泊仲介サイトが日本の法律や文化・慣習に合わせて、運用ルールを調整していくことは疑う余地がありません。また、日本政府側が、民泊ビジネスの発展を後押しする反面、さまざまなリスクに対する規制を検討していくことになります。

いずれにせよ、ますます民泊仲介サイトが日本社会に浸透していくことは間違いないでしょう。

■ **Airbnb利用の流れ**

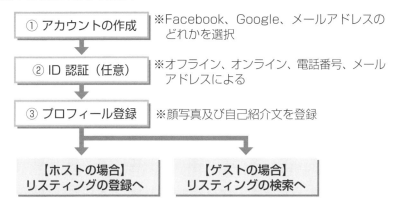

民泊の初期費用について教えてください。また、本業との両立は可能でしょうか。

周辺住民に対する配慮などに気をつければ、副業として民泊を営むことも可能です。

　Airbnbなどの仲介サイトを利用しながら、民泊ビジネスを副業として行うことも可能です。予約を受け付けるかどうかは、ホスト側が自由に決めることができるため、ある程度コントロールをすることができるからです。

　具体的には、本業が休みのときや、時間に余裕があるときだけ、部屋の予約を受け付ける、という方法を採ることもできます。ただし、民泊では宿泊者が周辺住民に与える影響が多大なものとなり、台帳の記入（カギの受け渡し時の注意喚起や本人確認）をはじめ近隣からのクレームやトラブル対応など実質的には24時間体制で臨む覚悟が必要になります。自らのビジネスのために生じるその施設周辺に長く住み続ける住民の権利侵害についても、しっかり認識しましょう。最近は、民泊専門の代行業者も増えています。手数料はかかりますが、アウトソーシングをうまく取り入れて運営していくのもよい方法です。

　特に旅館業法上の簡易宿所ではなく、住宅宿泊事業の届出によりビジネスを開始する時は重要です。住宅宿泊事業法は、これまで旅館業の許可取得が難しかった物件に対する規制緩和とされていますが、ホストが受注しない「家主非同居型」と呼ばれるタイプでは、「住宅宿泊管理業者（国に登録した民泊専門の代行業者）」

への管理委託が必須とされています。現在の国内の民泊物件の7割以上が「家主非同居型」と言われており、副業として民泊をする場合は、当然に「家主非同居型」となることに注意が必要です。

　また、民泊を運営する上で、予約管理なども重要な要素です。従来、民泊以外のホテルや旅館において、予約サイトごとに客室を分散して登録を行っていたため、ブッキングのリスクなどが問題視されていました。そこで宿泊予約管理アプリケーションシステムなどの活用が広がっています。宿泊予約管理アプリケーションは、宿泊予約サイトと連携して、1つの画面で予約や空室状況の管理を行い、顧客管理などを効率的に管理できる他、料金の自動調整なども可能です。たとえば、TEMAIRAZUなどの予約管理アプリケーションは主だった複数の民泊仲介サイト連携していますので、民泊事業者が、一元的な顧客管理を実現することができます。

●法人はホストになれるのか

　Airbnbなどの仲介サイトは、基本的に個人同士のやりとりを前提としています。そのため、法人が直接ID認証を受けてホストとなることは認められていません。そこで、会社が所有する物件をリスティングとして貸し出したい場合には、その会社内で定めた担当者個人がホスト登録をすることになります。

　ただし、登録したリスティングの件数があまりにも多すぎると、Arbnbなどから「業者である」と判断され、アカウントを強制的に削除されます。

●初期費用はどの程度かかるのか

　民泊ビジネスの初期費用は、現在の物件の状況や、自分の思い描くリスティングのコンセプトなどによって、大きく異なります。たとえば、すでに物件を所有しており、使っていない家具などを利用して民泊を始める場合には、初期費用を抑えて営業を始める

こともできます。一方、これまで住居だった建物を宿泊施設に用途変更する事情から、構造上、大改修しなければならない場合や、大規模な消防設備が必要な場合があることに注意が必要です。

また、民泊専門の代行業者に支払う登録費用やランニングコスト、その他、忘れがちですが火災保険や地震保険などのリスクヘッジも必須となります。宿泊費や稼働率から計算して、本当に採算が取れるかをしっかり検討しなければなりません。

●法人による住宅宿泊事業の注意点

2018年6月15日に施行された住宅宿泊事業法（90ページ）では、届出対象者について、法人による営業も前提とされていますが、この際の物件の取扱いについて注意点があります。

旅館業と異なり、住宅宿泊事業では民泊ビジネスを行う物件に制限があります。

住宅宿泊事業法では、届出を行えるのは、実際に事業者が居住している家屋や、入居者を継続して募集している家屋、別荘として使用している家屋でなければなりません。

この要件をふまえれば、法人の場合、家屋に居住していることや、法人の別荘という概念はなく、入居者を継続して募集している家屋でしか、住宅宿泊事業を営むことができないということになります。

■ 宿泊予約管理システムを利用するメリット

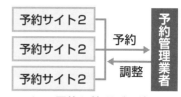

地方でも民泊ビジネスを行うことは可能でしょうか。

地方ならではの魅力を活かした民泊ビジネスを行っていくことが可能です。

　増加する外国人旅行客の利用を期待して、民泊ビジネスは都心を中心に活性化しているイメージがあります。その一方で地方には、バブル期に建てられたものの、現在はあまり使用されていないマンションなどが多数存在しています。また、人口の減少・流出で、空き家も年々増加しています。こうした物件をうまく活用すれば、低コストで民泊を運営することができるでしょう。また、地方では、自然体験や農村・漁村体験など、都市部では味わうことのできない貴重な体験をすることができます。地方ならではの魅力を積極的に発信していけば、地方であっても民泊運営をしていくことは十分可能です。たとえば、Airbnbに掲載されている物件数が、主要な大都市圏に次いで比較的多い福岡市では、繁華街へのアクセスが容易な場所で民泊を営んだり、太宰府天満宮や九州国立博物館などへの観光と結びつけた民泊経営が行われるなどの工夫が行われています。

　ただし、ゲストには、アクセスが不便であるというデメリットについて、よく理解しておいてもらう必要があります。レンタカーやタクシーなどの移動手段の手配方法などの検討が重要です。なお、地方であれば、空き家を民泊施設にすることは周辺住民への影響も少ないため、空き家対策とすることもできるでしょう。

Question 10 民泊運営管理代行業について教えてください。

Answer　民泊事業者が行う運営管理や予約管理などの作業を代行し、事業者をサポートします。

　民泊運営管理代行業は民泊ビジネスをする事業者の手が回らない作業や、苦手な作業などを代わりに行う事業で、ゲストのチェックアウト後の清掃代行をはじめ、消耗品の補充、リネン類の交換にとどまらず、問い合わせ対応、チェックイン（鍵の受け渡し）、代金収受、設備使用説明など運営管理の肝にあたる作業を代行する場合もあります。さらに、レビュー（評価）管理や、ハウスルール・マニュアル類の整備、デザインコンセプトの設計、民泊ビジネスに最適な物件の選定、収益シミュレーションの作成、予約管理、トラブル対応など、重要なバックオフィスの部分まで代行するケースもあります。

　民泊ビジネスの事業者自身がすべての作業をする場合に比べれば、もちろんコストは増大しますが、ノウハウや経験を有していなくてもすぐに事業を開始できるというメリットがあるため、個人、法人を問わず民泊運営管理代行業者を利用するケースが増えています。なお、民泊運営管理代行業者自体は許可等の不要な事業でしたが、住宅宿泊事業法の施行により、住宅宿泊管理業者という業種が定められたため、住宅宿泊事業（家主非同居型）の運営管理を委託する場合は、国土交通大臣に住宅宿泊管理業の登録を行っている業者である必要があります。

民泊運営管理代行業務の委託費はどのくらいかかるのでしょうか。

一般的に宿泊料の15%～30%が、民泊運営管理代行業者に支払われる対価の相場です。

　委託する内容や委託先の会社によるので、一律の民泊運営管理代行業務の委託費というものはありませんが、ある程度の相場はあります。最も多いのは、基本的な運営管理代行全般を委託した場合に、ゲストから事業者に支払われる宿泊料の一部を対価とするものです。この場合、純粋な清掃費や消耗品などの実費は別途請求されます。この際の対価の相場は、15～30%とされており、都道府県ごとに異なるようです。当然、委託する業務の種類が多ければ多いほど掛け率も高くなります。また、掛け率は低く設定し、委託業務の種類を追加するごとに単価を追加していくというオプション形式の場合もあります。

　いずれにしても清掃やリネン類の交換など基本的な業務を委託した場合で、1部屋あたり5,000円程度が相場のようです。委託業務の内容と委託費の詳細を認識した上で、運営管理代行業者をしっかり比較する必要があります。

　ただし、民泊を始める事業者の多くは、ゲストとの交流自体を楽しみたいというケースも多いため、そういう人にとっては、運営管理代行業者の委託費システムの多くは高額に感じるかもしれません。

第1章 ● 民泊ビジネス開業のための基礎知識　31

民泊運営管理代行業者はどのように選べばよいのでしょうか。

業者の実績や信用、言語対応能力や、ゲストへの対応の姿勢などを重視しましょう。

　民泊ビジネスを収益事業や投資として考える事業者にとっては、民泊運営管理代行業者の存在は意義あるものといえます。
　そこで、一般的に民泊運営代行業者を比較する際に、重視されるポイントをいくつか挙げてみたいと思います。

ポイント１　実績と信用はあるか

　民泊ビジネスの急増に比例して、民泊運営管理代行事業者も急増しています。一方で、民泊は、民泊運営管理代行事業者の経験やノウハウが事業者の収益に与える影響が多いビジネスです。多くの民泊の場合、ゲストの集客を民泊仲介サイトに委ねているため、実際に宿泊したゲストのレビュー（評価）が、そのまま売上に反映されるからです。

　運営管理代行事業者の経験やノウハウは、委託しようとする事業者の代行物件数とその期間、さらに代行している物件の稼働率で推測することが可能です。また、実際に代行している物件を教えてくれる事業者は他の物件のホストとも信頼関係があり、自身の事業にも自信を持っている可能性が高いといえます。

　さらに、運営管理代行事業者自身の事業形態（法人か個人事業か）や資本金、固定電話やWebサイトの有無、求人している場合は、その給与金額などを見ることで信用できる事業者かどうか

をある程度、判断することができます。

　実際に代行している物件がわかるのであれば、その物件に泊まってみたり、物件の近隣住民との関係を調べることで、より安心できるかを知ることもできます。

ポイント2　言語対応

　民泊を利用するゲストの多くは外国人です。したがって、ゲストに対する多言語対応が必要不可欠となります。訪日外国人の割合から考えると英語はもちろん、中国語や韓国語は必須といえますし、事業者の趣向に合わせて、タイ、スペイン、フランス、ドイツ、イタリアなど追加の言語対応を確認する必要があります。

　Webサイトが中国語や韓国語に対応しているからといって、必ずしも電話やメール、ハウスルール・マニュアルなどにも対応しているとは限らないので、注意が必要です。

　また、言語対応追加ごとに発生しうる追加料金についてもあらかじめしっかり確認しておく必要があります。

ポイント3　ゲスト対応やトラブル対応力

　多くの民泊では、キーボックス（特定の暗証番号により部屋の鍵が取り出せる錠前が物件に設置されている）や、番号錠（ドア自体に設置された番号に暗証番号を入力し施錠・開錠するもの）、スマートキー（スマートフォンアプリなどと連動し施錠・開錠するもの）などを設置していますが、それでもはじめてゲストがチェックインする際は、施設で対応し、本人確認や必要な事項の記載等を求める必要があります。

　このようなチェックイン対応や道に迷ったゲストの対応などをしっかりしない運営管理代行事業者は問題外です。

　また、民泊ではゲストや近隣住民とのトラブルがつきものです。そのためトラブルがおきないための事前対策はどのようなものがあるか、万が一、トラブルがおきた場合の対応はどこまでしても

第1章 ● 民泊ビジネス開業のための基礎知識　　33

らえるかなど、しっかり確認する必要があります。

　なお、住宅宿泊事業者が民泊運営管理代行業者に管理を委託する場合は、必ず国土交通省に登録した住宅宿泊管理業者でなければなりません。また、住宅宿泊事業では、周辺住民への対応や迷惑行為防止義務、ゲストへの説明義務などがありますので、ポイント3のゲスト対応やトラブル対応力は非常に重要です。

■ 主な民泊運営管理代行業務の種類 ……………………………………

事業開始前に関する業務	物件の選定・近隣状況の調査、収益シミュレーション、デザインコンセプトの設計、写真撮影、民泊仲介サイトへの掲載、ハウスルール・マニュアル・チラシなどの作成
事業開始後に関する業務	予約管理、稼働率と価格帯の調整、問い合わせ対応
ゲストへの対応に関する業務	ゲストへの鍵の受け渡し、本人確認、宿泊者名簿の作成、未チェックイン時の報告、周辺住民への迷惑行為防止に関する事項の説明、施設への毀損など有害行為に対する措置、長期滞在者に対する安否確認など、チェックアウト後の本件物件の状況確認、ゲストからの施設や設備に対する苦情対応
清掃・衛生業務	日常清掃業務、寝具・衛生用品の洗濯や設置、備品の管理・補充
施設や設備の管理・安全確保業務	施設や設備の維持・管理、非常用照明器具の点検、災害発生時の避難体制の確立、ゲストに対する避難支援、外国語を用いた火災、地震その他の災害が発生した場合の案内
周辺住民等の対応業務	苦情や問い合わせについての対応、周辺住民への意見聴取、ゲストによる周辺住民への迷惑行為に対する抑止・宿泊拒否等、緊急通報に応じた警察署、消防署、医療機関などとの連携、トラブル発生時の駆け付け、苦情やトラブルに関する処理結果報告

民泊事業の収益化には何が必要なのでしょうか。

必要なコストを抑えることと、適切な売上目標の設定が必要になります。

　民泊ビジネスを始めたとしても、ただ空いている部屋を貸すというだけでは、利益を上げることはできません。しっかりとした利益を上げたいと考えるのであれば、コスト（経費）をいくらぐらいに抑え、売上目標をどの程度に設定するか、というように、適切な試算をしながら、運営をしていく必要があるでしょう。

　まず、コストは、なるべく抑えるように工夫することが大切です。主な経費としては、家電や家具などの設備費、部屋の清掃費、リネンのクリーニング費、人件費などがあります。インテリアなどにもこだわれば、多くのゲストから興味を持ってもらえる可能性もあります。しかし、そこに多くの費用をかけすぎてしまうと、その分だけ回収しなければならなくなる初期費用が増えてしまうことになります。「他の宿泊施設と比べて魅力が劣っているのではないか」という不安から、内装に必要以上にこだわってしまう方も少なくないようですが、あくまでもバランスの取れた内装を心がけるようにしましょう。

　たとえば、京都などでは、日本人からみれば価値を感じない古い建具などをうまく取り入れることで、低コストでゲストに高評価な施設を提供し、高い稼働率を実現しています。必ずしも費用をかければ魅力が増すわけではないことに注意しましょう。

第1章 ● 民泊ビジネス開業のための基礎知識　　35

宿泊料金はどのように決めればよいのでしょうか。

稼働率を考慮して決定しますが、中には自動的に設定するシステムもあります。

　宿泊料金は、予約数や売上高に直接的に影響を与える、非常に重要な項目です。したがって、安易に決定するのではなく、入念なリサーチと計算によって設定するように心がけましょう。

　非常に単純な計算式で考えてみると、売上は「宿泊料×宿泊日数」で決まります。一般的には、宿泊料金が高いほど稼働率が低くなり、宿泊料金が低いほど稼働率は高くなるという傾向にあります。ただし、稼働率を上げたいと焦るあまりに、極端に安すぎる宿泊料を設定することは非常に危険な行為です。なぜなら、安さを重視して集まってくる人々は、目先の利益のみに飛びつく傾向があり、後々、やっかいなトラブルを引き起こす危険性が高いため、十分注意が必要です。

　なお、Airbnbを利用した場合、宿泊料金をいくらに設定すればよいのかわからないホストのために「スマートプライシング」という宿泊料金を自動的に設定するシステムが導入されています。スマートプライシングを利用すれば、ホストは設定したい宿泊金額の最低額と最高額、受け入れたい宿泊客の数を設定するだけで、物件周辺エリアのニーズや物件の特徴などのデータをもとに宿泊料金が自動的に設定されます。

宿泊料金の詳しい料金体系について教えてください。

部屋ごとに料金を決める方法と、ゲスト1名につき料金を決定する方法があります。

　ホストは宿泊料金の決定にあたり料金体系についても考えておく必要があります。料金体系は、大きく分けると、①一部屋一泊いくらというルームチャージ制、②一名一泊いくらというパーソンチャージ制、があります。①か②のどちらかを基本料金として、部屋や人などの増減を追加料金で調整するという方法もあります。ホスト側の立場から考えてみると、①の場合、団体客でなければ利用しづらいという印象を持たれてしまうため、1～2名の旅行客には利用されづらくなってしまう可能性があります。

　また、②の場合、団体客にとっては魅力を感じられないため、団体客が寄り付かなくなってしまう可能性があります。さまざまなゲストに訪れてもらいたいと考える場合には、わかりやすく、かつ、ある程度柔軟性のきく料金体系を設定しておくとよいでしょう。逆に、どのような客層に来てもらいたいのか、ホスト側に明確な方向性がある場合には、その志向に合わせた料金体系を設定するとよいでしょう。

　なお、子ども料金の設定については特に決まりはありませんが、Airbnbなどの仲介サイトを利用する多くのホストは、「12歳以下は大人の半額」という子ども料金を設定しているようです。

●宿泊料金の支払について

　宿泊料金の支払いや宿泊料金の受け取り方法、時期については仲介サイトにより若干の差があります。

　宿泊料金の受け取り方法としては、銀行振込、PayPal（ペイパル）、Payoneer（ペイオニア）の３種類が用意されており、ホストが任意に選ぶことができます。ペイパルとは、インターネット上で利用できる決済サービスのことで、他の受け取り方法よりも入金が早い（送金後１〜３時間程度）反面、引き出し時に手数料がかかります。

　他方、ペイオニアとは、アメリカの法人口座をレンタルするサービスで、口座開設により発行されたデビットカード機能付きのカードを使って、郵便局やセブンイレブンのATMから現金を引き出すことができるので便利です。ただし、カード発行までに数週間程度の時間を要すること、現金を引き出す際に手数料がかかる点などに注意が必要です。

■ 仲介サイト別宿泊料の支払・受取り方法 ……………………

	Airbnb	STAY JAPAN
宿泊料の支払時期	予約確定時	
支払方法	① クレジットカード ② クレジット決済可能なデビットカード ③ PayPal など	① クレジットカード ② VISA、MASTER、AMEX のデビットカード
宿泊料を受け取ることができる時期	ゲストがチェックインしてから 24 時間後	月末締めの翌月末払い
宿泊料の受取り方法	① 銀行振込 ② PayPal（ペイパル） ③ Payoneer（ペイオニア）	銀行振込のみ

Question 16 民泊ビジネスにおいてはどのような層のゲストに来てもらえばよいのでしょうか。

部屋や設備のコンセプトに合わせて年齢や国籍などの顧客層のターゲットを絞りましょう。

　どのような層のゲストに来てもらいたいのか、あらかじめターゲットを絞る作業は非常に大切になります。ゲストの人数や、宿泊目的、求めている交流の程度、性別、年齢層など、なるべく具体的にシミュレーションをするように心がけましょう。日本政府観光局（JNTO）によれば、2017年の訪日外国人旅行者数の年間累計が前年比19.3％増の2869万1073人となっています。国別で見ると１位から３位までが中国、韓国、台湾と東アジア勢が占め、次に、香港、タイ、マレーシアの順となっています。一般的にアジア系の人たちは「個室貸し」や「貸切」を好み、それとは対照的に欧米系の人たちは「シェアルーム」を好む傾向にあります。そのため民泊ビジネスを行う際には、ターゲットを絞り込んで、その対象となるゲストに見合った宿泊施設を整備する必要があります。
　集客率を重視したいため、特にターゲットを定めずに営業を開始しようと思う人もいるかもしれません。しかし、どんな人にも対応できるような環境を整えようとすると、不必要にムダなコストをかけてしまう原因となりますので注意してください。大規模なホテルであればともかく、個人が民泊で行うことのできるサービスの程度には、もともと限度があります。そのため、万人に満

第１章 ● 民泊ビジネス開業のための基礎知識　39

足してもらえるような設備やサービスを提供することは、初めから不可能なことである、と割り切ることが肝心です。

　また、リスク管理の側面からも、民泊ビジネスにある程度慣れるまでは、できるだけターゲットを絞っておいた方が無難です。ターゲットが絞ってあれば、発生しそうなトラブルをあらかじめ予測しやすくなり、トラブル対策に力を入れやすくなるからです。

●ターゲティングについての流れ

　ターゲットを決める際には、語学力の有無や程度については、それほど気にする必要はありません。最近は翻訳機器の性能が飛躍的に上がっていますので、パソコンやスマホを利用すれば、必要なコミュニケーションは十分成立させることができます。

　対象とするターゲットが定まったら、その特徴に合わせて、どんな部屋にするか、具体的な検討を進めていきましょう。まず、利用に際して、寝泊まりすることだけを目的にしてもらうのか、部屋で過ごす時間も重視してもらうのか、という点で、部屋のコンセプトは大きく変わることになります。寝泊まりすることだけを目的にする場合には、なるべくシンプルで、使い勝手のよさを重視した部屋にするとよいでしょう。備え付ける設備について、どんな家電や家具をそろえるべきかについても、ターゲットとしている客層や部屋のコンセプトによって変化します。ただし、ベットなどの寝具やテーブル、照明器具、旅行かばんを広げられる空間などは、最低限確保しておく必要があります。この場合、他の場所へのアクセスのしやすさが大きなポイントになりますので、できるだけ空港や駅、繁華街、観光スポットへ移動しやすい立地の部屋を用意するようにしましょう。特に、空港から直行のバスが出ているエリアはおすすめです。

　また、主要なターゲットとして狙っている顧客層が、欧米系のゲストなのか、アジア系のゲストなのかという違いによってポイ

ントも異なります。一般的に、欧米系の人の体型はアジア系の人の体型よりも大きいため、日本人の標準的なサイズの設備を用意してしまうと、小さすぎたり、狭すぎたりするという問題が生じてしまうのです。

他にも、中国人旅行者などは、家族連れであることが多いため、簡単な調理器具（電気ポッドやIHコンロなど）を用意しておくと喜ばれます。化粧品や医薬品の大量買い（爆買い）も多いため、欧米系のゲストよりも頻繁なゴミ回収を心がけることも重要です。

一方で、欧米系のゲストはアジア系のゲストと比較して、工芸品や文化交流（他の人種とのふれ合い）を好むため、45ページに記載した体験型民泊のニーズが高いといえます。

この他、清潔なシーツ類やタオル（フェイスタオルとバスタオル）、シャンプーやボディソープ、トイレットペーパーなどのアメニティも準備する必要があります。その他、部屋でも簡単な食事ができるよう、お皿やカップ、スプーンやフォークなどは人数分そろえておく方がよいでしょう。

なお、インターネットを自由に利用できる環境が整っていると、外国からの観光客には大変喜ばれますので、Wi-Fi設備、中でも持ち運びが可能なポケットWi-Fiを用意しておくとよいでしょう。

■ 人種に合わせた民泊運営例 ……………………………………

ターゲット		特徴と運営例
人種	欧米系	アメリカ人など ・体格が大きいため、大きめの部屋や設備 　（ベッドやバスルームなど）を用意する ・シェアルームに対応できるようにしておく
	アジア系	中国人、韓国人、台湾人など ・個室を用意する　　・貸切にも対応できるようにしておく ・家族連れに喜ばれる設備(簡単な調理器具など)を準備する

第1章 ● 民泊ビジネス開業のための基礎知識　41

民泊ビジネスを成功させるため、利益をキープできる範囲で宿泊料さえ安くすれば本当によいのでしょうか。

稼働率だけでなく、他の施設との差別化を図り、顧客確保の手段を工夫しましょう。

　民泊仲介サイトの増加が目立つようになり、次第に民泊ビジネスも価格競争に巻き込まれつつあります。では、利益をキープできる範囲で極力宿泊料さえ安くすれば本当によいのでしょうか。

　民泊ビジネスを始めて間もない事業者はもちろん、始めようとしている人が経験者にアドバイスを聞く場面でも「稼働率が重要」という考えをすることがよくあります。これは、民泊ビジネスが不動産賃貸業に類似しているためで、極端に言えば、貸し出す物件（または部屋）がいくつかあり、その数が多いほど利益も増大するという誤った認識にあります。

　たしかに民泊ビジネスは不動産をゲストに貸し出すため、形式的には不動産賃貸業に類似した「継続型ビジネス」の側面を持ちますが、その対象となるゲストは常に流動的なため、継続型ビジネスとして「稼働率」を基準に収益予測することは大変危険です。

　民泊ビジネスはむしろ、飲食店や美容院に近い「スポット型ビジネス」となります。スポット型ビジネスは、安定性が低く、継続型ビジネスとは対象的に一度の取引の単価を上げることが重要なビジネスです。言い換えれば、金額がやや高額になったとしても、他の施設との差別化を図り、新規顧客の開拓とリピーターを増やす工夫が最重要になります。

Question 18
同業者との差別化のためにどのような付加価値をつける必要があるのでしょうか。ポイントを教えてください。

利便性・上質感や最新技術ど、ゲストのニーズに適した付加価値をつけるとよいでしょう。

　民泊を利用しようとするゲストから見て、他の施設では得られない特徴を備えている付加価値をもった施設であるか否かをしっかり検討する必要があります。この付加価値にはわかりやすいストーリーや流儀といったものが感じられる必要があります。

　特に民泊ビジネスは、ほとんどの顧客が訪日外国人であり、わざわざ来日する外国人が日本に求めるものは、「自国にはない何か」です。もちろん、バックパッカーや学生などの場合は、金額と交通の利便性を重要視して施設を選ぶことが多いのですが、そのようなゲストの場合、古くから存在するゲストハウスやカプセルホテルが受け皿となっており、これらの事業は、盤石な経営基盤をもつからこそ成立するビジネスといえます。

　以下では、付加価値を考える際に重要ないくつかのポイントについて触れていきます。

ポイント1　便利さの付加価値を提供する

　比較的多くの物件で取り入れやすいのが「便利さ」という付加価値です。便利さにもいろいろありますが、たとえば、「民泊利用者に人気の高い観光用レンタサイクルが標準装備されている」「玄関からバリアフリーで大量のキャリーケースを収納できるスペースが確保されている」などは、よく見られる例です。

第1章　● 民泊ビジネス開業のための基礎知識　　43

その他、「人気の観光スポットに近い」「観光スポットから遠い場合でもホスト自身が車やバイクで送り迎えしてくれる」などといった例もあります。あえて宿泊するゲストの人種に傾向を持たせ、ホストや従業員がその言語に完全対応しているといったものも便利さの付加価値といえるでしょう。

ポイント2　上質さという付加価値を提供する

上質さは、ホテルや旅館のイメージがありますが、あえて民泊で上質さを取り入れて成功している例もあります。

そのままズバリ高級住宅を民泊として提供する例はもちろん、歴史的価値の高い京町家などの建造物を民泊として提供したり、名所が一望できる最高のロケーションに位置する物件を提供するなど、さまざまな付加価値が考えられます。中には、施設の中にある家具、食器、掛け軸などを高級な骨董品でそろえた一泊何十万円もする民泊というものまで登場しています。

ポイント3　最新技術という付加価値を提供する

便利さにも通じる付加価値ですが、前述したスマートキーはもちろん、快適な宿泊環境を提供する室温センサー内蔵、タブレットからエアコンや各種機器の操作ができるシステムを完備しているといった施設があります。

さらに、複数言語で365日な対応が可能な人工知能による質問・リクエストに応えるサービスなどを導入し、タクシーの手配や料理のデリバリーサービスまで提供される例もあります。

ポイント4　ゲストの個別ニーズに対応した付加価値

ホストにとっても、もっともやりがいがあり、安定した経営が見込める付加価値の付け方が個別ニーズに対応する方法です。

古くからある地域の特産品に関する農業体験を前提とした農家型民泊をはじめ、有名なアーティストやデザイナーが手がけたアート型民泊、日本のアニメやキャラクターをコンセプトにした

オタク型民泊など枚挙にいとまがありません。

　変わり種としては、お寺に宿泊し、座禅や写経などの修行ができたり精進料理も味わえる宿坊型民泊や、忍者屋敷風のからくりや茶道、着付けなどを体験できる体験型民泊などがあります。

●周辺住民との関係も重要

　訪日外国人は、単に泊まれる施設を探すというよりも、日本の生活や文化そのものに興味を持ち、自国にはない何かを体験するために旅行していることを認識する必要があります。

　事業者の中には、法律さえ守っていればそれでよいと言わんばかりの経営をするケースもありますが、周辺住民の理解を得ていない、または近隣との調和が図れていないまま、営業開始してしまう民泊では、その雰囲気がそのまま宿泊するゲストにはね返ってしまい、結果的にゲストのニーズを満たすことができず、いつまでも経営が安定しないケースも多々あります。ゲストにとっては、周辺住民との良好なコミュニケーションや、困ったときに助けてもらえた経験なども、そのまま事業者の経営する施設の評価につながることを肝に銘じておく必要があります。

■ 訪日外国人の宿泊層と金額 ……………………………………………

	価　格	主な滞在	宿泊客
超高級宿	5〜10万円	短期（1〜3泊）	超富裕層の夫婦・家族
高級宿	3〜5万円	中期（3〜5泊）	富裕層の夫婦
中級宿	1〜3万円	中期（3〜5泊）	準富裕層の夫婦・家族・観光客
一般宿ビジネスホテル	5000〜1万円	短期（1〜3泊）	一般観光客
ゲストハウスカプセルホテル	2000〜5000円	様々（1〜数週間）	バックパッカー・学生・低所得層

第1章 ● 民泊ビジネス開業のための基礎知識　45

民泊では宿泊者の本人確認は必要でしょうか。どのような点に留意する必要がありますか。

対面でない場合は、宿泊者の顔や旅券を鮮明に確認できるテレビカメラなどを宿泊施設内に設ける必要があります。

　従来から旅館業法では、宿泊者名簿（次ページ）の備付義務の規定はありましたが、宿泊事業に関しての本人確認方法について、具体的にアナウンスしたのは、住宅宿泊事業法の方が先です。住宅宿泊事業法では、本人確認を「対面」あるいは「ICT（情報通信技術）」により行うものとしており、ICTの場合は、以下条件のいずれもクリアしなければなりません。
① 　宿泊者の顔、旅券を画像により鮮明に確認できること。
② 　上記、画像が宿泊施設や宿泊施設の近傍から発信されていることが確認できること。
　このことから、ICTにより本人確認を行うことができるのは、宿泊施設にテレビ電話やタブレット端末等を備え付けることが想定されています。そしてカメラなどは、顔や旅券を詳細に確認できる程度の解像度が求められることになります。
　なお、旅館業法も改正され、玄関帳場（フロント）の要件に関して、トラブル発生時など緊急時に迅速な対応がとれる体制を整え（施設に10分程度で駆け付けられる）、上記同様のICTによる本人確認方法が取れる場合で、鍵の受け渡しが適切に行えるのであれば、玄関帳場の設置が免除されることになりました。

宿泊者名簿について教えてください。

必ず宿泊者全員分の氏名、住所、性別、年齢、職業などを記載し、3年間保存しなければなりません。

　民泊に限らず、ホテルや旅館も含めて宿泊事業を営む者は、すべて宿泊者名簿を備え3年間保存する必要があります。また、行政からの要求があったときは、これを提出しなければならないとされています。これは住宅宿泊事業法でも同様です。

　宿泊者名簿は、宿泊施設に感染症患者が宿泊したり、宿泊施設やその近辺で感染症が発生した場合などに、その感染経路の特定や被害拡大防止をするために重要な役割を果たします。

　近年発生した痛ましい民泊における殺人事件や、海外などで懸念されているテロの温床対策として考えても重要といえます。

　宿泊者名簿には「客室の名称と番号」にあわせて「宿泊者の氏名、住所、性別、年齢、職業」などを記載しなければなりません。

　事業者の求めにもかかわらず、宿泊者が宿泊者名簿の記載事項を告げない場合は、旅館業法の規定基づき宿泊を拒否することができます。

　また、宿泊者が外国在住の場合は、宿泊者の国籍と旅券番号の申告を求め、宿泊者名簿の正確な記載を帰する必要があるため、旅券の提示を求め、その写し（コピー）を宿泊者名簿とともに保存する必要があります。

第1章 ● 民泊ビジネス開業のための基礎知識　　47

この写しを、氏名、国籍、旅券番号の記載に代えることもできます。この際、事業者の求めにもかかわらず、宿泊者が旅券の提示を拒否する場合は、この措置が国の指導によるものであることを説明し、それでも拒否される場合は、旅券不携帯の可能性があるものとして、最寄の警察署等に連絡するなど適切な対応をする必要があります。

　また、自治体の条例により、「到着年月日」「出発年月日」「前宿泊地」「行先地」などの記載が必要な場合もあります。

　これら宿泊名簿は、代表者だけでなく、宿泊者全員分（宿泊契約をするグループの構成員全員分）を記載しなければなりません。

　なお、宿泊者名簿は必ずしも紙での保存ではなく電子データによる記録でもかまいません。住宅宿泊事業の場合は、国土交通省の運営する「民泊制度ポータルサイト」に電子宿泊者名簿のソフトウェアがアップ（http://www.mlit.go.jp/kankocho/minpaku/business/system/regular_report.html）されていますので、参考にしてみてください。

✎ 書式　宿泊者名簿

名　前 (Ｎａｍｅ)		年　齢 (Ａｇｅ)		性　別 (Ｓｅｘ)	Ｍ　・　Ｆ
住　所 (Ａｄｄｒｅｓｓ)					
職　業 (Ｏｃｃｕｐａｔｉｏｎ)					
到着年月日 (Ｃｈｅｃｋ ＩＮ)	・　　　　・	出発年月日 (Ｃｈｅｃｋ ＯＵＴ)		・　　　・	
国　籍 (Ｎａｔｉｏｎａｌｉｔｙ)		旅券番号 (Ｐａｓｓｐｏｒｔ ｎｕｍｂｅｒ)			

近隣住民への説明や説明会では、どのようなことをするのでしょうか。

大きく分けて「工事や建物に関する説明」と「宿泊事業の運営に関する説明」に分かれます。

　民泊を開始する前の近隣住民への説明については、自治体によって義務化されている場合と、されていない場合があります。

　しかし、義務がない場合でも、今後の運営をスムーズに運ぶためには、事前に説明をしておくことが望ましいといえます。

　近隣住民の説明は主に「工事や建物に関するもの」と「宿泊事業の運営に関するもの」の二段階があります。

・工事や建物に関するもの

　これは、宿泊事業に関するもの以外でも、多くの工事に関連して行われているものなので、多くの人がイメージしやすいと思います。

　工事や建物に関する説明の基本的な部分は、「建物の概要（所在地、用途、敷地面積、建築面積、構造）」「建築主、設計者、施工業者等の詳細」「工事期間、工事工程（スケジュール）」「作業時間」「安全対策」「火災・騒音対策」「風紀・衛生などの確保について」などを説明する必要があります。

　また、工事計画や建物によっては、日照障害、電波障害、プライバシー侵害、外観（景観）、風、臭気などについての説明も必要な場合があります。

第1章 ● 民泊ビジネス開業のための基礎知識　　49

当然、口頭で説明するだけではなく、それぞれ関連する文書、図面、地図などの資料を用意しなければなりません。

・宿泊事業の運営に関するもの

　宿泊事業に関する説明の基本的な部分である「宿泊事業を行う所在地」「営業者の詳細」「事業開始予定日」「宿泊者定員」「チェックイン・チェックアウトの時間」「管理者の詳細」「苦情問い合わせ窓口」「火災・騒音対策」「安全確保の措置」「ゴミ・臭気対策」「その他、宿泊客の迷惑行為への対応策」などについて説明する必要があります。

　運営形態によっては、宿泊施設の特徴、ハウスルールの内容、違反宿泊者に対するペナルティ、施設までの順路案内方法、タバコ、レンタルサイクル、旅行バッグなどの放置対策などについての説明も必要です。工事や建物に関する説明同様に、関連資料は必ず用意する必要があります。

　説明の方法は、個別訪問、資料投函、回覧板、説明会開催などありますが、資料投函（ポスティング）は、後々のトラブル発生の可能性が高く、推奨できません。

　また、個別訪問や説明会などのタイミングですが、必ず計画が途中の段階で行うようにします。

　仮に工事の設計や工事計画を固めてしまった後に行うと、近隣住民の意見を受けた設計や計画の変更が困難になるからです。

　当初考えていたものと、近隣住民の意見を受けた後では、設計や計画の無理な点が露呈することも多いので注意が必要です。

　また、事業者側が工事には含まれないとたかをくくって、説明の前に解体工事を開始してしまうことで、不要なトラブルに発展することも多いので注意が必要です。あくまで解体も含めて住民にとっては工事の一環であることを認識しましょう。

50

民泊ビジネスで想定される
トラブルの対応策について
教えてください。

重要事項は複数回ゲストに確認して、文化差に基づく事柄などは伝えておきましょう。

　トラブルが発生する主な要因は、大きく分けて2つあります。1つ目は、ゲストとホストがインターネット上の情報だけでやり取りをするという点、2つ目は、見ず知らずの外国人を自分達の生活空間などに招き入れるという点です。

　ゲストはインターネット上の紹介ページを見て、利用したい宿泊施設を探します。ホストは、多くのゲストに興味を持ってもらえるよう、自分の施設をうまく紹介していかなければなりません。特に、建物の外観や部屋の内装などの写真は、アピールするために欠かせない要素です。そのため、できるだけよい印象を持ってもらえるよう、写真の撮り方に工夫を凝らす人も多いようです。

　しかし、実際よりも優良な施設であるかのように勘違いをさせてしまうと、ゲストが実際に現地を訪れた際に「話が違う！」とクレームがくる場合があります。このような事態の発生は、ホストとしての信用を落とすだけでなく、ゲストから宿泊料の返金を求められたり、ペナルティを科せられることも予想されます。

　情報の受け取る側の立場に立ち、やり過ぎない程度のアピールに留めておくよう心がけることが大切です。

　また、パソコンやスマートフォンなど、画面上の確認だけでやり取りをすると、読み忘れや読み間違い、勘違いなどが生じる可

能性が高くなります。したがって、重要な事項については、何度もメールなどで伝えるようにしたり、プリントアウトしてもらうように促すなど、念を押した確認を求めるとよいでしょう。また、外国人にとって宿泊施設までの道順がわからず、近隣住民に聞きまわったり、間違った建物に立ち入ってしまうなどのトラブルも多くあります。間違いがなくなるような案内図の作成や、他の建物との区別が明確になるような工夫（目立つ看板やのれんなど）を講じる必要があります。

●文化の違いによるトラブルはあるのか

たとえば、欧米諸国では靴を脱ぐ習慣がないため、土足のまま部屋に上がり込んでくることがあります。文化の違いによるトラブルは事前に注意事項を明確に伝えることで回避することが可能です。前述の土足の例であれば、玄関先に土足厳禁である旨をゲストの使用する言語で書いた張り紙やステッカーなどを貼り、スリッパなどを準備しておくだけで防ぐことができます。

また、トイレについても文化差が激しい生活習慣です。便座の座り方や、トイレットペーパーの流し方、水の流し方などを絵などを使ってわかりすく書いた紙を貼っておくようにしましょう。この他、ゲストに守って欲しい事項などがあれば、紙に書いて壁に貼っておくなど、少しの工夫でトラブルは避けることができます。

■ トラブルの防止のためにすべきこと

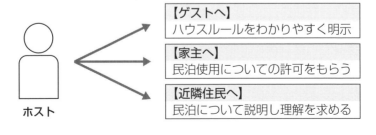

トラブルが発生した場合にはどのように対処するのがベストでしょうか。

迅速な対応と真摯な姿勢が重要です。日頃からトラブル予防を心がけましょう。

　情報提供、ゲストの見極め、地域との連携など、さまざまな点についてどんなに注意を払っていても、トラブルが生じることはあり得ます。トラブルが発生した場合には、被害を最小限に抑えることを考えるようにしましょう。

　まず、迅速に対応することが何よりも重要です。ゲストからのクレームであっても、地域住民からのクレームであっても、まずは真摯に相手の意見を受け止め、すぐに対応にあたるようにしましょう。すぐに動くという姿勢を見せるだけでも、相手の怒りは収まりやすくなるものです。軽微なクレームであれば、対応の速さで、結果的は高評価を得られる可能性もあります。事態が深刻なトラブルの場合は、Airbnbなど利用しているサイトのヘルプセンターや、行政機関の設置している相談窓口などに相談しましょう。一人で抱え込まずに、第三者に助けを求めることが大切です。

　なお、地域住民とのトラブルであれ、ゲストに関するトラブルであれ、民泊の場合、近隣住民との調和や連携による解決・未然の防止ができることは少なくありません。

　民泊を行う事業者も地域の一員であることを自覚し、普段から近隣住民とのコミュニケーションや情報交換、町内会への加入、行事や防災訓練への参加を心がけておくとよいでしょう。

第1章 ● 民泊ビジネス開業のための基礎知識　53

宿泊拒否をすることはできないのでしょうか。

住宅宿泊事業では、事業者の考えに基づき宿泊拒否をすることができます。

　あまり考えたくないことですが、訪日外国人による盗難や暴行など、刑事事件が発生したケースも多く存在していますので、危機管理意識は常に持っておくことが大切です。万が一、何か事件に巻き込まれた場合には、必ずすぐに警察に通報しましょう。

　まず、旅館業法では、宿泊客が違法行為をする恐れがあると認められる場合や、伝染病の疾病にかかっていると明らかな場合に宿泊を拒否することができます。

　また、住宅宿泊事業法では、宿泊させたくない客について受け入れを拒否することができるようになりました。住宅宿泊事業の届出を選択する場合は、少しでも不安な要素が感じられたり、おかしいなと思うような部分がある場合は、躊躇せずに宿泊拒否をするようにしましょう。しっかりと審査が行われている施設である方が、ゲスト側も安心して利用することができるはずです。

　なお、宿泊拒否とは別の考えになりますが、歓迎しないゲストの予約を事前に防いだり、宿泊後のゲストの素行を良くするために、あらかじめ厳しいハウスルール（57ページ）を定め、違反した場合には宿泊前に預かっておく保証金から罰金として没収するという方法を取っている施設もあるようです。

地域コミュニティとの調和を図るにはどうしたらよいでしょうか。

ホストは地域活動に積極的に参加し、ゲストの周囲への迷惑行為に注意しましょう。

　特にホスト非居住型では、ホストの目が行き届かなくなる分、マナー面についてのトラブルが発生しやすくなる傾向があります。

　夜中に大声で騒ぐ、ゴミ捨てのルールに従わないなど、近隣住民からのクレームが生じることはよくあることです。ゲストには、地域の人々の迷惑になる行為をしないように、十分注意喚起をしておく必要があります。

　また、住宅宿泊事業法ではマンション一室も営業できるようになりましたが、セキュリティの厳しいファミリー向けの分譲マンションや高級マンションなどは、不特定多数の人の出入りを好まない傾向にあるため、民泊ビジネス用の物件には不向きです。戸建て、マンション、いずれの場合であっても、民泊が持つ特徴や、絶対周囲に迷惑をかけないように配慮すること、問題が生じた場合に備えて苦情窓口を用意することを、しっかり検討した上で、他の住民に説明して同意を得るようにしましょう。

　また、事業者も地域の一員であることを自覚し、町内会などの加入や行事、防災訓練などへの参加は積極的に行いましょう。

　民泊は、地域コミュニティとの調和が図られることで、初めて成功したといえます。ホストとゲスト、地域住民いずれもが納得できて、初めて充実した異文化交流を実現できるのです。

第1章 ● 民泊ビジネス開業のための基礎知識　　55

借主が貸家を利用して無断で民泊を経営しています。民泊経営を無断転貸として、賃貸借契約を解除することは可能でしょうか。

民泊の無断経営は無断転貸に準じて賃貸借契約の解除ができると考えられます。

　借主が貸家を利用して民泊契約をしている場合、借主と宿泊客との間の契約は宿泊契約であり、賃貸借契約ではないと考えられています（特区民泊は賃貸借契約です）。そのため、貸主に無断で民泊を経営していても、本来的には転貸借にあたりません。

　しかし、民法が、無断転貸が行われている場合に、貸主に対して契約解除権を認めているのは、賃貸借契約が貸主と借主との間の信頼関係に基づいているからです。つまり、賃貸借契約では誰が目的物を使うのかが重要事項であり、特に貸主にとっては、素性がはっきりしない人に転貸されることがないように、貸主に対して無断転貸に基づく契約の解除権を認めているのです。

　本ケースのように、借主が無断で民泊を経営している場合、確かに宿泊契約と賃貸借契約という契約の性質は異なるものの、貸主が知らないところで、借主以外の人が貸家を利用することになるため、貸主との間の信頼関係を壊す行為だといえます。まして や民泊においては、利用客が不特定多数に及びますので、無断転貸の場合以上に、貸主が貸家を実際に利用する人を把握することが困難といえます。そのため、無断転貸の場合に準じて、貸主は、無断で民泊を経営している借主との間の賃貸借契約を解除することができると考えられています。

Q27 トラブル防止のためのハウスルールの作り方について教えてください。

ハウスルールはゲストへのおもてなしとトラブル予防のバランスを考えて作成しましょう。

　ハウスルールとは、ホストがゲストに守ってもらいたい家の取り決めごとをいいます。喫煙可能なエリアはどこか、家電製品の使い方やトイレの使い方、ゲストが使用できる部屋の範囲はどこまでか、土足厳禁の徹底や、ゴミ出しの仕方や建物内では騒音を出さないなど、ホストとゲスト、ゲストと近隣住民との間のトラブルを回避し、快適に民泊ビジネスを行えるよう、さまざまな約束事をハウスルールという形でまとめておく必要があります。

　ハウスルールは英語など複数言語で記載し、写真やイラストなどを用いて、視覚的にわかりやすく明示するとよいでしょう。

　Airbnbでは、ハウスルールが公開されるため、ゲストは宿泊リクエストを送る前に、必ず定められたハウスルールを読んで、これに同意しなければなりません。ハウスルールと同時に保証金を設定しておけば、ルール違反によって損害が発生した場合には、ホストは保証金を受け取ることができ、ゲスト側としても、追加料金を避けたいとの心理から、ルールに従った行動をとるようになるので、リスクヘッジにもなります。

　次ページに、いくつかの自治体で指導事項やガイドラインで取り上げられている内容を参考に作成したハウスルールのサンプルを掲載しましたので参考にしてみてください。

第1章 ● 民泊ビジネス開業のための基礎知識　　57

書式　ハウスルール

この宿泊施設をご利用される皆様へ

　ようこそ。当宿泊施設を選んでくださり、ありがとうございます。

　滞在中、快適に過ごしてもらうため、またトラブル防止のために宿泊の際に守って頂くためのルールは下記の通りです。

- 早朝や夜間に当施設内や付近の路上で大声、演奏、旅行かばんを引く音、その他大きな音など近隣に迷惑となる騒音を立てないでください。また、窓は全開にしないでください。
- ゴミは必ず当施設内の決められた場所に出してください。施設の敷地外や敷地内の公共の場所から見える場所に決まりに反したごみ出しをしないでください。
- 施設付近の路上喫煙を禁止します。喫煙は施設内の決められた場所でしてください。また、当施設の付近でたばこの吸い殻をみだりに捨てないでください。なお、敷地内喫煙であっても、風向きによっては近隣や道路上の通行者などに煙が流れ、迷惑を及ぼす恐れがあるため、配慮願います。
- 施設前に旅行かばん、自転車、その他の物を置くことを禁止します。
- 施設内に火器類の備え付けはありません。ガスコンロやストーブなどを持ち込むことは禁止します。
- 施設内は土足厳禁です。玄関で靴を脱いでください。
- 施設内の設備、備品の損傷や汚損、鍵の紛失などの場合は、物品相当額を負担頂きます。
- 当施設に宿泊者以外の者を立ち入らせることを禁止します。
- 出かける際や就寝の際、電気を付けたままにしたり、水道を出し続けないでください。
- 本ルールに違反した場合は、退館して頂く場合があります。

営業開始後に必要な事項を教えてください。

設備の衛生管理や感染症発生時に備えて宿泊者名簿を備え付ける必要があります。

　住宅宿泊事業についても同様ですが、旅館業は不特定多数の人が利用するため、衛生措置義務や宿泊者管理義務などが課されています。
① **衛生措置義務**
　施設の衛生措置義務にはさまざまなものがありますが、主なものとして「浴室」「洗面所」「トイレ」「寝室」「ゴミ処理」などの衛生措置が挙げられます。
・浴室
　浴室は、当然ですが常に清潔で衛生的に保つ必要があります。具体的には「浴槽は、使用の都度、完全に換水して浴槽を清掃する」ことや、循環式の浴槽の場合、「ろ過器を十分に逆洗浄して汚れを排出する」「ろ過器・循環配管について、適切な消毒方法で生物膜を除去する」などが挙げられます。
・洗面所
　洗面所も同様に清潔で衛生的に保つ必要がありますが、「石鹸を常に使用できるよう備えておくこと」「くし・コップなどを備え付ける場合は、清潔なものとし、宿泊者ごとに交換する」ことなどが必要です。
・トイレ

第1章 ● 民泊ビジネス開業のための基礎知識　59

トイレは、「臭気の防除に努めること」「1日1回以上の清掃」「人に直接接触する便座の部分を消毒する」といったことが挙げられます。トイレの手洗いについては洗面所と同様です。

・寝室

寝室の寝具は、原則、シーツやカバーで適切に履い、寝衣や枕カバーなどとともに、宿泊者1人ごとに洗濯したものと取り替えます。同一の宿泊者が連泊している場合であっても、寝衣は毎日、それ以外も3日に一回は交換が必要です。

・ゴミ処理

遵守すべき法律（180ページ）のひとつとして後述しますが、民泊に起因して生じるゴミは廃棄物（事業活動に伴って生じたゴミ）として処理する必要がありますので、処理する際は、廃棄物収集運搬業許可を有する事業者に委託する必要があります。

また、施設に置いている間も、処理方法に応じて分別集積したり、容器などを、適宜適切に清掃する必要があります。

② **宿泊者管理義務**

旅館業者には、感染症が発生したときや感染症患者が宿泊したときに、その感染経路を調査するため、宿泊者名簿を備えることが義務付けられています。宿泊者名簿には、「宿泊者の氏名、住所、職業」などを記載しなければなりません。

その他、都道府県ごとの条例により、前泊地、行先地、到着日時、出発日時、室名などの記載が求められる場合もあります。

なお、日本国内に住所をもたない外国人宿泊者の場合は、「国籍・パスポート番号」についても記録が必要です。

この際、正確を期すため、パスポートのコピーを名簿に添付し一緒に保管する例が多いようです。パスポート番号等の記入は、テロ対策の一環として義務付けられました。

第2章

民泊をめぐる法律の全体像

民泊とゲストハウス、簡易宿所はどのように違うのでしょうか。

簡易宿所は法律用語ですが、民泊やゲストハウスは通称にすぎません。

　まず、ゲストハウスとは、法律上の定義はなく、バックパッカーなどによく利用されている宿泊施設を指す呼称です。複数人が1つの空間に宿泊をする形態で、シェアハウスやドミトリー、ホステルとも呼ばれています。

　宿泊費をかなり安く抑えることができるという点と、知らない人同士が交流を深めることができるという点が特徴で、異文化交流を好むゲストが宿泊するためにこのように呼ばれました。

　これに対して、簡易宿所とは、旅館業法に定められている区分のひとつです。以前は、民宿やカプセルホテルなどの許可取得時に利用されてきた区分です、前述のゲストハウスも簡易宿所の区分を用いて許可が取得されています。

　旅館業法は、簡易宿所の他にも、「旅館・ホテル」「下宿」という2つの営業区分もあり、それぞれ、許可を取得するために必要な要件が異なっています。

●民泊と法規制

　従来、住居に宿泊させる民泊は、それが対価（宿泊料）を得て人を宿泊させる営業の場合、旅館業法の規制を受け、行政の許可を得る必要がありました。しかし、旅館業法に定められた要件は厳しく、簡単に営業許可を取得することができず、民泊施設の中

には旅館業法上の許可を得ていない違法状態で営業を行っているケースが散見され、大きな問題となりました。

　旅館業法上の営業許可を得ずに、有償で営業行為として民泊を営むことは、無許可営業として取締の対象となるため、民泊の流行に伴い、違法民泊の摘発事例も増加していきました。しかし、その一方において、民泊施設を年々増加傾向にある外国人旅行客の宿泊施設の受け皿として捉える者が増加していることも民泊に対する需要の高まりを考慮すれば、否定できない部分もあります。

　そこで、政府や自治体は、国家戦略特区による民泊特区条例の制定や旅館業法施行令の一部改正（おもに面積要件の緩和）によって、民泊についての規制緩和を行ってきました。2018年から始まった新しい民泊制度である「住宅宿泊事業法」もそのひとつです。つまり、住宅宿泊事業法とは、旅館業法の許可取得が困難なケースに対して、一定の規制と監督は伴うものの、緩和した要件によって許容していくというねらいがあります。ただし、国民生活の安定と向上にも寄与することを目的にするなど、事業者以外に対する配慮もなされています。

■ 旅館業法許可の要否

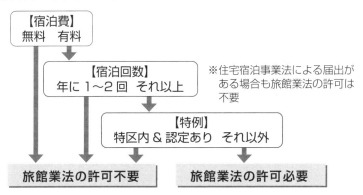

民泊ビジネスをやりたいのですが、小規模な施設です。このような場合にも旅館業法の理解が必要になるのでしょうか。

旅館業法の許可を得て民泊を営業する場合もあり、旅館業法の理解も必要です。

　本来、民泊とは「一般の住居に泊まること」を総称して用いられてきた用語で、住宅宿泊事業法が施行される前から、住居用の建物を用いて旅館業法の許可を取得し、適法に民泊ビジネスは行われてきました。むしろ、適法に旅館業法を取得できない建物（建築基準法の問題や、マンションの一室など）で営業をしようとする者に対する救済措置として制定されたのが住宅宿泊事業法です。

　また、旅館業法自身も、従来より小規模な建物による許可取得ができるように、重ねて改正がなされています。簡易宿所の許可要件であった「床面積、33㎡以上」という要件を（宿泊者10名以下の場合）「床面積、宿泊者1人当たり3.3㎡」に改正したことがはじまりです。続いて、「ホテル営業」と「旅館営業」の区分を統合し、客室数「ホテル10室以上」「旅館5室以上」という要件を撤廃しました。採光や照明の数値基準を撤廃したり、玄関帳場を設けなくても許可が取れる条件なども追加しています。

　このことから、住宅宿泊事業法の施行後であっても、変わらず住宅宿泊事業法ではなく旅館業法の許可による民泊ビジネスを選択するケースもあり民泊ビジネスを考える際には、旅館業法と住宅宿泊事業法の両方の理解が必須といえます。

旅館業法の規制対象となる基準について教えてください。

不特定多数の人に反復継続して有料で宿泊させる行為をか否かが基準です。

　旅館業法では、旅館業の定義や、営業許可を与える基準等が定められており、旅館業とは「宿泊料を受けて人を宿泊させる営業」と定義付けがなされています。つまり、旅館業とは、①宿泊料を受けて、②人を宿泊させる、③営業行為だといえます。

　ここにいう営業とは不特定多数の人を対象に、反復継続して有料で宿泊させる行為を指します。したがって、年1回開催されるイベントのため、自治体からの要請で自宅を提供する、「イベント民泊」は、反復継続性が認められないことから、営業には該当せず、旅館業法上の許可を受ける必要はありません。また、無償で知人を自宅へ泊める行為も、広く民泊の定義に含まれるとしても、旅館業にはあたらず、営業許可がなくても違法行為とはなりません。ただし、「Airbnb」や「Booking.com」など、民泊を仲介するウェブサイトに宿泊施設を掲載した場合、たとえ実際には営業目的がなかったとしても、「不特定多数の人」を対象として「反復継続して」宿泊させる意思があるものと判断されてしまう可能性があります。

　なお、「宿泊料を受けて人を宿泊させる営業」と「賃貸業」の違いや混同にも注意が必要です（67ページ）。

「宿泊料を受けて人を宿泊させている」か「社会性をもって反復継続されている」かで判断する必要があります。

　旅館業法や住宅宿泊事業法の手続きが必要になる行為は、「宿泊料を受けて人を宿泊させる行為」を「社会性をもって反復継続」しているか否かで判断されます。この場合の「宿泊料」とは、名目にかかわらず、実質的に寝具や部屋の使用料とみなされる、休憩料、寝具賃貸料、寝具等のクリーニング代、光熱水道費、室内清掃費などを含みます。特に水道光熱費であれば、実際に宿泊した者が使用していると考えられる金額を逸脱していれば、宿泊料となりますので、注意が必要です。

　また、「社会性をもって反復継続されている」の「社会性をもって」とは、社会通念上、個人生活上の行為として行われる範囲を超える行為として行われるものをいいます。

　このことから、知人や友人を宿泊させる行為が自身の個人生活上の行為として行う範囲を越えるかを検討する必要があります。

　たまたま、日本に遊びに来た友人を観光案内する間、宿泊させるのであれば、許可や届出は不要です。

　一方で、反復継続して人を宿泊させるために知人や友人を含め、不特定多数に声掛けを行っているのであれば、「社会性をもって反復継続」していることになります。

民泊は賃貸業にはあたらないのでしょうか。合法的に民泊ビジネスを行うにはどうしたらよいのでしょうか。

民泊は賃貸と性質が異なるため、合法的に行うには、旅館業法上の許可の取得が必要です。

　たとえば、定期借家権では、契約期間が終了した時点で、契約の更新はなく、確定的に契約が終了するため、契約期間は自由に設定できます。そのため日単位や週単位、月単位で契約期間を定めることも可能です。とすれば、日単位で定期借家契約を締結して、旅行者に民家を提供することはできないのでしょうか。
　定期借家契約を利用して民泊ができれば、旅館業法上の営業許可を受ける必要はなく、簡単に民泊ビジネスを始めることができます。しかし、特区民泊を除き、賃貸業と旅館業はまったく異質のものであり、両者は①衛生上の管理責任が誰にあるか、②宿泊者がその宿泊する部屋に生活の本拠があるか否か、という２点において決定的な違いがあります。つまり、旅館業であれば衛生上の管理責任は事業者にあり、宿泊者はその宿泊する部屋に生活の本拠を有しないことになります。これに対し賃貸業では、管理責任は原則、借主にあり、借主は借り受けた部屋に生活の本拠を有していることになります。これを民泊にあてはめた場合、旅行者は、宿泊する部屋に住民票を移すようなことはしませんから、生活の本拠は有せず、ここから、民泊は賃貸業ではなく旅館業に含まれることになります。したがって、合法的に民泊ビジネスを行うには旅館業法上の許可を取得する必要があります。

旅館業法の特例制度としての特区民泊とはどんな制度なのでしょうか。要件はかなり厳しいと聞きましたが本当でしょうか。

民泊条例の制定により玄関帳場の設置を免れる場合がありますが、要件はやや厳格です。

　旅館業法上の簡易宿所の許可を取得する以外にも、適法に民泊施設を営む方法として、国家戦略特別区域法に基づく旅館業法の特例制度を活用した特区民泊があります。旅館業法上の簡易宿所として営業許可を得る際、居住用の物件を活用するときは、玄関帳場（フロント）の設置義務が負担となっていました。しかし、国が「国家戦略特別区域（特区）」と指定した区域内で営業しようとする場合で、その区域に民泊条例が制定されていれば、玄関帳場の設置不要となる傾向にあります（条例で設置義務が定められていることもあります）。2018年1月時点では、東京都大田区と、千葉市、新潟市、大阪府、大阪市、北九州市という6つの自治体で民泊条例が成立、施行されています。宿泊者との契約の形態も異なり、簡易宿所営業としての民泊では宿泊契約を締結するのに対し、特区民泊では賃貸借契約を締結する必要があります。

　また、基準となる居室の床面積は、特区民泊では25㎡以上となっています。2016年4月に旅館業法施行令が改正され、居室の床面積要件が33㎡以上から1人当たり3.3㎡以上に緩和されたため、現在では、簡易宿所の要件よりも特区民泊の要件の方が厳しくなっています。なお、宿泊者の宿泊日数についても特区民泊では、2泊3日以上と日数制限が設けられています。

国家戦略特区とはどのようなものなのでしょうか。

新規産業創出の促進などを目的に、大幅な規制緩和や税制面での優遇などが認められます。

　国家戦略特別区域（特区）は、国際競争力の高い地域を選んで、大胆な規制緩和や税制面での優遇措置を講ずることにより、新規産業の創出や外資系企業の誘致を促進し、日本経済の成長を牽引する国際拠点作りを行うことを目的としています。これまでに特区に指定されている地区は、東京都、神奈川県、千葉県千葉市・成田市、宮城県仙台市、秋田県仙北市、新潟県新潟市、大阪府、兵庫県養父市、京都府、広島県、愛知県、福岡県福岡市、北九州市、沖縄県です。国際戦略特区に指定されたエリア内であり、かつ自治体が民泊条例を制定している場合には、都道府県知事、市長、区長から、「外国人滞在施設経営事業の認定（特定認定）」を受けることで、旅館業法上の営業許可がなくても、民泊を実施することができます。このように、都道府県知事等の認定により実施できる民泊を「特区民泊」といい、認定を受けるためには下記の要件を満たす必要があります（各自治体が定める条例によっては要件が若干異なります）。

① 宿泊施設の所在地が、国家戦略特別区域内にあること
② 施設を使用させる期間は3日〜10日（条例で定める期間以上）であること
③ 宿泊施設の各部屋が次の条件を満たしていること

- 一部屋の床面積は、25㎡以上であること
- 出入口と窓は、鍵をかけることができるものであること
- 出入口と窓を除き、居室と他の居室、廊下とが壁で仕切られていること
- 適当な換気、採光、照明、防湿、排水、冷暖房の設備を有していること
- 台所、浴室、便所および洗面設備があること
- 寝具、テーブル、椅子、収納家具、調理のために必要な器具または設備、清掃のために必要な器具があること

④ 施設の使用開始時に、清潔な部屋を提供すること

⑤ 施設の使用方法や緊急時における情報提供などを宿泊客が使用する言語で案内すること

⑥ 滞在者の氏名、住所、職業、国籍、旅券番号などを記録した滞在者名簿を備えること

⑦ 特定認定の申請前に、周辺住民に対して国家戦略特別区域外国人滞在施設経営事業に利用することについて、適切な説明が行われていること

⑧ 周辺住民からの苦情及び問合せについて、適切かつ迅速に処理が行われること

　上記は、国家戦略特別区域法施行令12条や厚生労働省からの通達により定められた要件です。また、宿泊開始時と終了時に宿泊者と対面し、名簿に記載されている人物と同一人物かについても確認なども必要です。

　住宅宿泊事業法が施行されたことを受け、今後は、利用の頻度が減少するかもしれません。両者の違いは、特区民泊が賃貸借契約なのに対して旅館業同様の宿泊契約であること、特区民泊が自治体の判断により認定を要するのに対して、事業者が通知（届出）するだけで営業できる点などにあります。

住宅宿泊事業法はどんな法律なのでしょうか。

住宅のまま民泊の運営が可能になるように、民泊の解禁を目的にした法律です。

　旅館業法が改正されましたが、まだまだ簡易宿所営業のハードルは高く、住宅地では営業許可がおりないということや、建物の用途が「ホテルまたは旅館」に変更することで伴う建築基準法や消防法による規制強化も最大のネックとされています。

　特区民泊にしても、エリアが限定されているため、個人が住む地域が国家戦略特区に指定されていない、あるいは指定されていても、民泊条例が制定されていない場合は、旅館業法上の営業許可を受けなければ合法的に民泊を行うことができませんでした。

　このように政府が国家戦略特区の設定や、旅館業法施行令の一部改正と、民泊推進に向け舵を切りながらも、民泊への参入障壁は下がっていなかったことから建物用途の事情も含めて民泊に対する規制を緩和したのが住宅宿泊事業法です。

　住宅宿泊事業法では、ホスト（住宅宿泊事業者）や、運営管理代行業者（住宅宿泊管理業者）、民泊仲介サイト（住宅宿泊仲介業者）が届出や登録を行うことで、旅館業法の許可を得ることなく、民泊を行うことが可能になります。また、従来禁止されていた住居専用地域における民泊の実施も可能になることから、民泊ビジネス参入のハードルが低くなっています。

　さらに住宅宿泊事業法では、家主は宿泊させたくない客につい

ては受け入れを拒否することができます（旅館業法では、原則として宿泊客の受け入れを拒否できません）。したがって、近隣トラブルなどの発生リスクを最小限度にとどめることができます。

　ただし、旅館業法上の許可を得て営業している旅館やホテルへの配慮から、一定の規制として営業できる日数の上限が設けられており、180日とされています。制限日数を超えて営業を行う場合は、従来通り旅館業法上の許可が必要になります。

　なお、住宅宿泊事業法の成立後も「住宅宿泊事業法の施行期日を定める政令」「住宅宿泊事業法施行令」「住宅宿泊事業法施行規則」「国土交通省関係住宅宿泊事業法施行規則」「厚生労働省関係住宅宿泊事業法施行規則」なども公布され、具体的な民泊ビジネス経営の詳細が固められていきました。

■ 民泊営業の種類と特徴 ……………………………………………………

	簡易宿所としての民泊	特区民泊 (各自治体ごとに詳細は異なる)	住宅宿泊事業法による民泊
法令	旅館業法	各自治体の条例	住宅宿泊事業法
契約形態	宿泊契約	賃貸借契約	宿泊契約
申告方法	許可	認定	届出(家主同居型) 登録(家主非同居型)
営業日数	制限なし	制限なし	180日以内
宿泊日数	制限なし	2泊3日以上 (区域により6泊7日以上)	制限なし
居室床面積	一人当たり 3.3m² 以上 (10名未満の場合)	25m² 以上	制限なし
住居専用地域 での営業	不可	不可	可
玄関帳場(フロント) の設置	条例による	不要	不要

なぜ旅館業法の罰則が強化されたのでしょうか。

違法民泊に対する罰則を強化し、住宅宿泊事業法上の届出を行うことを促すためです。

　住宅宿泊事業法は、営業日数の上限が180日に制限されているものの、はじめて住居のまま宿泊事業として活用することが合法化された画期的な法律です。しかし肝心の無許可営業を取り締まる旅館業法違反（無許可営業）の罰則が罰金３万円に過ぎなかったため、違法営業のリスクは低く、営業を開始しやすい住宅宿泊事業法を制定しても届出を促すことが難しいという片手落ちの状態のまま、2018年に住宅宿泊事業法が施行される可能性がありました。

　旅館業法の無許可営業者に対しての罰則が、罰金３万円では事業をしようとする者にとって費用と時間をかけて許可取得をめざすよりも、無許可営業を選択する可能性も残されるわけです（ただし、懲役６か月以下の刑もあります）。そこで2018年６月15日、住宅宿泊事業法と同時に改正旅館業法も施行されました。改正法では、罰則が３万円から100万円へと引き上げられ、旅館業法の取得か、住宅宿泊事業法の届出を促すことになります。

　また、改正前の旅館業法では、行政の立入調査権限が、旅館業許可取得事業者のみを対象としていましたが、改正法によって無許可業者に対しても都道府県知事による報告徴収や立入検査が実施できるようになりました。

第２章 ● 民泊をめぐる法律の全体像　　73

Question 10 違法営業に対する改正以外の旅館業許可取得要件に関する改正について教えてください。

 最低客室数や寝具・内装などの要件が緩和・撤廃されました。

　民泊には直接関連しませんが、これまで旅館業法で分類されていた「旅館」「ホテル」「簡易宿所」「下宿」のうち、旅館とホテルの区分が統合されます。この統合により、「ホテル10室以上、旅館5室以上」とされていた最低客室数も撤廃されました。同時に、「洋室の寝具はベッド、和室の寝具は布団」「洋室の内装は壁造り、和室の内装は板戸・ふすま」「客室の最低面積が洋室は9㎡以上、和室は7㎡以上」といった要件がすべて撤廃され、簡易宿所の許可においても同様の扱いがなされます。その他にも、採光面積の要件が建築基準法令に準じた規定となり（現状は条例等で別途、数値基準等）、便所の要件なども数値的基準から緩やかなものに変更されます。

　さらに、非常に大きな改正として、これまでの民泊ビジネスにとって非常に負担であった玄関帳場の設置についてもITの活用などにより対面でのコミュニケーションに代替することが実現できるのであれば、適用除外が認められることが予定されています（セキュリティ面や本人確認の機能が代替できるITを活用した技術の導入ができれば玄関帳場設置が不要になります）。

　その他、旅館業の欠格要件に「暴力団員、暴力団員でなくなった日から起算して5年を経過しない者」が追加されました。

民泊をする際の法人の定款の考え方について教えてください。

旅館業では事業目的の記載が必要ですが、住宅宿泊事業の場合は、必須ではありません。

　定款は簡単に言えば、法人の基本ルールを定めたもので、法人の目的、名称、社員、機関、資産に関する事項などを記載します。

　法人の目的に記載する事項は、その法人が目的とするものであれば、何個記載するか、どのような表現をするかといった制限はあまりありませんが、業種によっては許認可を得るために、取得したい許認可に応じて、定款に適合した事業目的を書かなければならないことがあります。

　場合によっては、その許認可や届出を管轄する行政機関などにより、事業の内容だけではなく、根拠となる法律名まで記載するなど、細かい文言まで指定されている場合もあります。

　民泊の場合、旅館業の許可を取得するためには、必ず定款の事業目的に「ホテル、旅館等の宿泊施設の経営」や「旅館業法に基づく簡易宿所営業」と記載します。

　一方で、住宅宿泊事業の場合は、定款の事業目的に住宅宿泊事業に関する記載がない場合であっても、届出は可能とされています。本来、住宅宿泊事業は、届出を行えば誰でも行える事業と位置付けられているからと考えられます。ただし、定款の事業目的に記載のない事業の経費が税務上認められるかについては、別途税務署に確認が必要です。

Question 12 原本証明とはどのようなものでしょうか。

重要書類の写しが原本と同様のものであることを証明するために写し作成者本人が証明文を記入し、押印することをいいます。

　旅館業許可申請や、住宅宿泊事業の届出では、契約書の写しや定款の写しなどを提出することが求められますが、この際、原本ではなく、写しを提出するのは契約書や定款が重要書類であり、原本そのものを提出するわけにはいかないからです。

　一方で、写しであれば、本当に原本と同じ内容なのかを行政側が判断することは難しいといえます。

　そこで、これらの重要書類の写しを提出する際に「この写しは、原本とまったく同じものである」ということを提出者自らが証明することを「原本証明」といいます。

■ 原本証明と定款の証明方法

```
この契約書の写しは原本と相違ない
ことを証明する。
〇〇〇〇年〇月〇日

東京都〇〇区〇〇町〇丁目〇番地〇
株式会社〇〇〇〇
代表取締役　〇〇　〇〇　㊞
```

```
この定款の写しは現行定款と相違ない
ことを証明する。
〇〇〇〇年〇月〇日

東京都〇〇区〇〇町〇丁目〇番地〇
株式会社〇〇〇〇
代表取締役　〇〇　〇〇　㊞
```

原本証明に統一した決まりはありませんが、多くの場合、該当の書類の余白部分（上部でも下部でもかまいません）に、「この○○（「契約書」や「協定書」など、書類の名称を記載）の写しは原本と相違ないことを証明する。」と記入し、記入した日付と証明者の氏名（法人の場合は名称と代表者氏名）、住所を記入し、実印を押印します。

　定款の場合は「原本と相違ない」ではなく、「現行定款と相違ない」という記入になります。

　この書類の写しが複数にまたがる場合は、署名押印欄以外のページが抜き取られたり、差し替えられたり、落丁していないことを証明するために、見開きページの境目に「契印」をしたり、書類全体をホッチキスで綴じて、背の部分を製本テープで包んで、表紙と裏表紙の書類と製本テープの境目に「契印」をしなければなりません。

　なお、原本証明をする場合というのは、契約書や定款など原本を提出することが不可能な書類について、間違いなく原本の写しであることを証明するものです。したがって、登記事項証明書や住民票、行政証明書、登記されていないことの証明書といった行政が発行する書類に原本証明をして提出することは想定されていません。これらは必ず、原本を提出しましょう。

■ 書類の契印の仕方

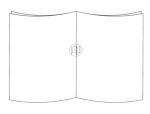

ページの境目に契印

表紙と裏表紙に契印

第2章 ● 民泊をめぐる法律の全体像　77

民泊は、税金面で不利な点があると聞いたのですが、本当ですか。

固定資産税の軽減措置がなくなり、固定資産税が6倍になることや、宿泊者の人数や宿泊料に比例した宿泊税が課されることがあります。

　民泊とは「一般の住宅に人を泊めること」です。旅館業法に基づく簡易宿所の許可を取得するときは、建物の用途が「住宅」から「ホテル又は旅館」変わりますが、住宅宿泊事業法では、建物の用途が「住宅」のままで、例外的に宿泊事業を行うことが認められます。

　現在、わが国では住宅が建っている土地に対して軽減措置があり、小規模住宅用地（面積200㎡以下）の場合には固定資産税が6分の1、一般住宅用地（面積200㎡を超えるもの）の場合には3分の1に軽減されています。

　つまり、旅館業の許可を取得すると、建物の用途が「住宅」から「ホテル又は旅館」に変わっていることから、固定資産税の軽減措置がなくなってしまい、一般的な小規模住宅用地の場合には固定資産税が一気に6倍に上がってしまうことになります。

　また、東京や大阪、京都などのように、1人1泊1万円以上で100円、1万5000円以上で200円（京都の場合は、1人1泊2万円未満200円、2万円以上5万円未満500円、5万円以上1,000円）といった、所得税とは別の「宿泊税」が課せられる自治体があるので、注意が必要です。

旅行業法とはどんな法律なのでしょうか。

運送や宿泊、それ以外の旅行サービスの手配などについての規制が定められています。

　旅行業とは、旅行者が運送または宿泊のサービスの提供を受けられるように手配する業務（基本的旅行業務）をはじめ、基本的旅行業務に付随する業務で、運送や宿泊以外の旅行サービスの手配をする業務（付随的旅行業務）や、旅行の相談に応じる業務（旅行相談業務）の３つがあります。

　これらの旅行業務を反復継続して対価を得て行う場合、旅行業法に基づく旅行業登録の手続きをしなければなりません。

　民泊の経営をしている場合、特に運送や宿泊以外の旅行サービスの手配を宿泊者のためにしてあげたくなることがありますが、この場合には運送サービスや旅行サービスの対価について、宿泊者自身にサービス提供者との間で清算してもらう必要があります。

　もし、運送サービスやその他の旅行サービスを宿泊者に代わって行ったり、対価の支払いもまとめて行ってしまうと、旅行業法違反となってしまいますので、注意が必要です。

　なお、民泊仲介サイトも宿泊料を代わりに徴収することから、旅館業許可施設、イベント民泊（187ページ）、特区民泊に該当する施設を仲介する場合は、旅行業登録を、住宅宿泊事業届出を行っている施設を仲介する場合は、住宅宿泊仲介事業の登録を行う必要があるとされています。

民泊をする際には検査済証がいると聞いたのですが本当でしょうか。

住宅宿泊事業では必須となりませんが、旅館業に使用する面積によっては、必要な場合があります。

　検査済証とは、建物やその土地が建築基準関連規定に適合していることを証する文書をいいます。しかし、建築年月日が古いほど、検査済証のない建物は多くあります（1998年度時点の完了検査率は38％程度）。

　まず、住宅で宿泊事業を行う場合、180日以下の営業など住宅宿泊事業届出の要件（100～101ページ）を満たすのであれば、検査済証は必ずしも必要にはなりません。

　一方で、旅館業許可を得て営業を行うのであれば、建物用途が「住宅」から「ホテル又は旅館」に変更になるため、建物のうち旅館業に使用する部分が一定の床面積（186ページ）を越える場合、建物の用途変更をするために検査済証が必要になることがあります。

　ただし、平成26年度までは、検査済証がない建物の用途変更を行うことが困難でしたが、現在では検査済証がない場合でも、建築当時の「確認済証」や「確認通知書」などを用いて「図上調査」を行うか、あるいは書類が残されていない場合でも、建築士が「復元図書」や「復元構造計算書」などを作成し、一定の現地調査を実施した上で報告書を作成することで用途変更の手続きを行うことができるようになっています。

土地建物の登記が共有名義だった場合でも民泊はできますか。

実務上は、共有名義人全員の使用承諾を得る必要があります。

　住宅宿泊事業や旅館業に使用する不動産は、必ずしも自己の所有する不動産である必要はありません。

　他人が権利を有する不動産を用いて営業する場合は、不動産の所有者（賃借人などがいる場合は、その賃借人からも）から、賃貸借（転貸借）や使用貸借を受けたことを証明する書類（具体的には契約書）を行政に提出することで届出や許可申請をすることができます。

　また、この使用貸借を受けたことを証明する書類で、権利者が住宅宿泊事業や旅館業を使用目的とすることを認めているとは読み取れない場合、追加で使用承諾書が必要になります。

　ここで問題となるのが、不動産が共有名義の場合です。

　共有不動産について賃貸借契約を締結することは民法上「管理行為」に該当します。この場合、共有持分権者（それぞれの所有者）の持ち分合計で過半数以上の同意がなければ、有効な管理行為（賃貸借契約などを締結すること）が認められていません。

　さらに、5年を超える賃貸借契約は「管理行為」ではなく、「変更行為」と解されるため、共有者全員の同意が必要とされています。

　住宅宿泊事業の届出や、旅館業許可申請では、原則として更新

手続きというものがないため、この5年を超える賃貸借契約書（使用目的が読み取れない場合は、使用承諾書も添付）を確認できなければ、有効な使用権原を有していないと判断されます。

　この場合、実務上は届出や許可申請窓口で、不動産の登記事項証明書に記載されている所有者（権利部に記載）全員の氏名が、賃貸借契約書や使用承諾書に記載されている氏名が一致するかを入念にチェックされることになります。

　なお、住宅宿泊事業と旅館業いずれの場合も必ずしも土地の使用権原まで確認できなくても、建物の使用権原さえ確認できれば営業は行えると解されますが、住宅宿泊事業や旅館業に伴う使用が土地上でも必要となることがありますので、土地建物両方について、しっかり使用承諾を得ておく方がよいと考えられます。

✏ 書式　使用承諾書

使 用 承 諾 書

当方らが所有する下記物件を、下記使用者が住宅宿泊事業（旅館業）の営業を行う物件として使用することを承諾します。

物件所在地　：　東京都○○区○丁目○番○号
使用者　　　：　○○ ○○

○○○○年○月○○日

共有者
東京都△△区△丁目△番△号
△△ △△

共有者
東京都□□区□丁目□番□号
□□ □□

共有者
東京都××区×丁目×番×号
×× ××

民泊では水質汚濁防止法の届出が必要になる場合があると聞いたのですが、どんな場合に必要なのでしょうか。

排水を下水道に放流しない場合や分流式下水道に放流する場合に届出が必要です。

　水質汚濁防止法は、河川や湖沼、湾港など公共利用される水域の汚濁を防止するために制定された法律です。

　公共利用される水域（公共水域）は飲料をはじめ、農業や漁業にも使われるため、公共水域が汚染されれば、人が生活できなくなる可能性も高くなります。

　そのため、水質汚濁防止法は、工場や事業所から公共用水域に排出される水の排出などの規制を行い、生活排水対策の実施を推進することを目的としています。

　この水質汚濁防止法の規制対象となるのは、水質汚濁防止法施行令で特定施設に指定された施設となっています。民泊の場合、素泊まりの形態が多く、厨房による排水（水質の汚濁）は、あまりありませんが、民泊による洗濯設備や入浴施設設備による排水があるため、水質汚濁防止法に規制対象となる特定施設に指定されています（特定施設番号66の3）。

　具体的に届出が必要になるのは、排水を下水道に放流しない（し尿浄化槽等で処理する）場合や、排水を分流式下水道（雨水以外の汚水のみ処理する下水道）に放流する場合です。

　なお、排水を合流式下水道（雨水も含めたすべての水を処理する下水道）に放流する場合は、届出の続きは不要です。

第2章 ● 民泊をめぐる法律の全体像　83

Question 18 風俗営業法と民泊の関係について教えてください。

これまで旅館業で問題となっていた偽装ラブホテルが住宅宿泊事業法の施行により、拡大するおそれが指摘されています。

　旅館業や住宅宿泊事業に関連して、風俗営業法の問題が挙げられるのは、ラブホテル（レジャーホテル）です。ラブホテルは、風俗営業法2条6項4号の「専ら異性を同伴する客の宿泊・休憩の用に供する政令で定める施設を設け、当該施設を当該宿泊・休憩に利用させる営業」に該当することから、4号営業ホテルとも呼ばれています。

　当然、この4号営業ホテルに該当する場合は、旅館業の許可を受けた上で、風俗営業法に基づく届出をしなければなりません。

　風俗営業法では、4号営業ホテルに該当する要件として「回転ベッドがある」「面積1㎡以上の、人が横たわっている姿を映し出すための鏡がある」「性的好奇心をそそる物品を販売する自販機がある」といった内容としていますが、これらのいずれかに該当しない場合は、法律上4号営業ホテルとみなされず、風俗営業法の規制対象とならないことにもなります。

　そこで近年では、上記の要件を満たさないようにしつつも、従来からのラブホテルへのニーズが高かった「客が必ず通る共用の玄関がない」「客の出入りの状況が外部から見通せない」といった条件を加えた「偽装ラブホテル（類似ラブホテル）」の増加が

見受けられました。

　特に風俗営業法の規制に該当すれば、住宅地や学校などの保全対象施設との距離制限などが課せられますが、偽装ラブホテルでは、こういった規制が及びません。

　また、風俗営業法による規制は全国で一律に行う規制だけでは不足するため、実質は各自治体で詳細な規制が定められていますが、これらの条例も偽装ラブホテルには及びません。

　民泊が問題として取り上げられる時、京都などでは、住民とのトラブルが取沙汰されますが、大阪においては、むしろ住宅宿泊事業法によって、偽装ラブホテルとしての民泊が増加することが懸念されています。

　旅館業法に対しては、偽装ラブホテルへの対処として自治体が旅館業法の基準以外にさまざまな建築規制を行ってきました（たとえば、簡易宿所での帳場設置義務、簡易宿所での一部屋あたりの最低定員を４名とする、帳場の規模基準の設定、シングルルームの設置義務化など）。しかし、住宅宿泊事業法においてはこれまで行ってきたような対処が難しくなっています。

　また、旅館業法においても2018年６月15日より改正されたことで従来行ってきた条例の規定が適法な条例とできるのか、それぞれの自治体が新たに検討しなければならなくなりました。

　近年の民泊ビジネスの普及により行われた小規模な宿泊施設の設置緩和への動きは、インバウンド対策としては一定の効用が見込まれますが、同時にこれまで風俗営業法の規制にかかるとされていた４号営業ホテルや性風俗サービスの提供場所として、住宅街の一戸やマンション一室などで行われるというおそれは否めません。

　今後、このような偽装ラブホテル民泊が増加するのか、民泊においても偽装ラブホテルを制限するために民泊自体が営業しにくくなるのかは、現状では判断できない状況です。

第2章 ● 民泊をめぐる法律の全体像　　85

民泊の手続きはどんな専門家に依頼したらよいのでしょうか。

旅館業許可申請や住宅宿泊事業届出の作成と手続きは、行政書士に依頼します。

　旅館業の許可については、各自治体によって許可要件や提出書類が異なり、かつ、さまざまな法令をクリアしなければならないので、スムーズに許可を取得するためには、旅館業の許可に関する専門家に依頼するのがベストです。

　また、住宅宿泊事業法に基づく住宅宿泊事業者、住宅宿泊管理業者、住宅宿泊仲介業者に関する届出や登録については、原則、電子申請によりますが、旅館業許可に近い申請方法や書類の添付が求められるケースもあります。

　インターネットで「民泊サポート」などのワードを入力して検索すると、不動産屋や工務店、行政書士、建築士、民泊管理代行業者など、旅館業許可申請や住宅宿泊事業届出の手続きをお手伝いすると謳っている多くの業者を見つけることができます。

　これらの業者のうち、依頼者から報酬を得て、旅館業許可申請や住宅宿泊事業届出の書類作成や提出代理は行政書士のみが行うことができます。

　また、住居から宿泊移設へと改修をする必要がある場合は、宿泊施設に関する建築基準法に精通した建築士に相談する必要があります。この際、該当物件が違法建築物の場合、相談を受けてもらえないか、大改修が必要になる場合があります。

それ以外にも、消防設備を設置する際は、消防設備士の資格を持った電気工事業者に依頼する必要があります。ただし、非常照明は消防法ではなく、建築基準法による設置義務のため、建築士が専門であることに注意が必要です。

●どんな専門家に依頼するとよいのか

　以下、行政書士を例に旅館業手続きや住宅宿泊事業手続きを依頼するのに適した専門家の見分け方を、いくつか挙げておきます。

① 民泊以外の申請経験の有無を確認する

　民泊以外（ホテル、旅館、簡易宿所など）の許可申請を経験しているどうかを確認します。経験があれば、民泊ビジネスの登場以前から旅館業など宿泊ビジネスの支援をしており、豊富な経験を有すると推測することができます。

　もっとも、以前から旅館業などの支援をしている事務所は、新しい民泊ビジネスに疎い可能性もあります。住居を宿泊施設として営業する場合の特殊性について知見を有しているのかどうか、住宅宿泊事業と旅館業の違いを的確に把握しているかなど事前に確認するのが望ましいといえます。

② 許可取得や届出収受の見込みを確認する

　予定物件の「所在地、間取り、築年数、床面積、建築面積」などを事務所に伝え、許可取得や届出収受の見込みを聞いてみましょう。

　もちろん「必ず許可を取得できる」などの明快な回答は得られません。しかし、法令上の制限で不許可となる見込みがあるか否かは、比較的容易に回答することができます。「申請してみないわからない」とのみ回答する場合、依頼しない方がよいでしょう。

　なお、届出の場合、「不許可」という概念はありませんが、記載事項に不備があったり、必要な書類が添付されていないなど、形式上の要件に適合しない場合は、届出不可となることがあります。

第２章 ● 民泊をめぐる法律の全体像　　87

③ 申請経験からのアドバイスを求める

過去の申請経験から注意すべき要件・規制や、保健所・市区町村・消防署などの関係法令を所管する役所の特性など、申請経験がなければ回答が難しいことを聞いてみましょう。

特に住宅宿泊事業法においては、届出であることや、一見「住居のまま営業ができる」ことから、容易な参入ができるように思われますが、消防法上や建築基準法に準じた規制は、思う以上に複雑なため、生兵法はケガのもととなりかねません。

④ 許可取得後や届出後の事業継続に関するアドバイスを求める

行政書士にとっては「許可取得や届出がゴール」ともいえますが、申請者にとっては「許可取得や届出がスタート」ですから、単に許可の取得や届出ができればよいわけではありません。申請前の段階から健全な事業継続（宿泊者の管理、地域住民との調整、トラブル対応など）について考えてくれる事務所がよいでしょう。

いずれにせよ、行政書士や建築士、消防設備士、工務店など多くの専門家の関与が不可欠ですが、一方で事業者自身もある程度の営業開始までの流れやポイントを押さえておかなければ、思わぬ落とし穴に落ちてしまうことがあります。

たとえば、旅館業や住宅宿泊事業に必須とされる消防法令適合通知書の交付申請自体は、行政書士が行えますが、適合通知書交付に必要な消防検査の打ち合わせは消防設備士や工務店が進めてしまいます。すると、事業者や行政書士が知らないうちに検査が始まり、適合通知書の交付申請をする暇がなくなることもあります（結果的に二度検査を受けることになります）。また、検査に必須とされる「避難経路図」について、工務店、建築士、消防設備士のいずれも準備をすることなく、検査当日を迎えてしまったという笑い話のような出来事もあります。

第3章

住宅宿泊事業法の
しくみ

なぜ住宅宿泊事業法が制定されたのでしょうか。旅館業法との違いを教えてください。

適正な民泊の運営を確保し、近隣住民の生活の安定などを目的に制定された法律です。

　住宅を活用して宿泊サービスを提供する民泊ビジネスは世界各国で流行しています。わが国も、多くの外国人観光客が日本に押し寄せる反面、宿泊施設が足りていないことを考慮して、民泊ビジネスが普及しました。しかし、民泊は公衆衛生の確保に課題があり、あわせて地域住民等とのトラブルも多く、さらに旅館業許可を取得できない施設や、意識的に無許可で営業する例も多く見られました。このような事情をふまえ、急増する訪日外国人観光客のニーズと大都市部での宿泊需給の逼迫状況等に対応するため、民泊の適正な運営を確保しつつ、国民生活の安定向上や国民経済の発展に寄与するために制定されたのが住宅宿泊事業法です。

●どんな事業が対象なのか

　住宅宿泊事業法は、その名前の通り「住宅宿泊事業」に関する法律です。住宅宿泊事業は、これまで法律で明確な定義のされていなかった「民泊」を定義付けたものと考えることもでき、従来の旅館業法上で規定されていた「旅館営業」「ホテル営業」「簡易宿所営業」「下宿」のいずれにも属さない営業方法となります。

　具体的には、住宅を用いて1日単位で宿泊料を得て年間180日を超えない範囲で反復継続して行う営業行為を指します。

　また、住宅宿泊事業はもちろん、これまでの旅館業法では対象

とされてこなかった民泊運営管理代行業者（住宅宿泊管理業者）や、「Airbnb」や「Booking.com」などの民泊仲介サイト（住宅宿泊仲介業者）についても、その業務内容や義務、手続き、行政の監督権限などが定められています。

● 旅館業法との違いは何か

住宅宿泊事業法は、これまで旅館業法上の営業許可を取得できない営業行為への対策として制定された一面があります。したがって旅館業法と、住宅宿泊事業法には大きな相違点がいくつも見受けられますが、中でも比較されやすい特徴を取り上げると、まず法律自体の目的の違いが挙げられます。

旅館業法は主に公衆衛生に焦点をあてているのに対して、住宅宿泊事業法は、観光客の来訪や滞在を促進することに加え、これにより影響を受ける国民生活の安定と国民経済の発展に寄与することも考えています。そのため、旅館業法では規定のない地域住民に対する事業者の苦情対応や、ゲストが騒音等迷惑行為を行わないための説明義務などが規定されています。関連して家主が同居しない営業など、一定の条件に該当すると、国土交通省に登録された管理業者に管理業務を外部委託しなければならないとされています。また、旅館業法は許可制であり、行政に裁量する余地がありますので、申請が拒否される場合もありますが、住宅宿泊事業法上の手続きは届出や登録であり、行政による裁量の余地がありません。

他に具体的なものとして、旅館業法では課題になりやすかった玄関帳場（フロント）の設置が住宅宿泊事業法では前提とされておらず、代わりに家主（事業者）の同居・非同居の区別が重要視されています。

さらに、換気・採光・照明といった衛生措置に関する構造に関する規定が住宅宿泊事業法では厳格化されていません。

第3章 ● 住宅宿泊事業法のしくみ　　91

住宅宿泊事業法の全体像について教えてください。

民泊ビジネスの区分ごとに必要な規制を置き、実情を国が把握できるしくみです。

　住宅宿泊事業法は、民泊ビジネスを「家主同居型」と「家主非同居型」に区別し、民泊事業者（住宅宿泊事業者）と、民泊運営管理代行業者（住宅宿泊管理業者）、民泊仲介サイト（住宅宿泊仲介業者）それぞれに対する規制内容、適正な管理や安全面・衛生面の確保、手続きの方法、その他民泊の実情を国が把握できるしくみを定めています。

　住宅宿泊事業者は、都道府県知事に届出を行います。また、住宅宿泊事業者には営業の適正な遂行のための措置として衛生確保措置、ゲストに対する騒音防止のための説明、地域住民に対する苦情対応、宿泊者名簿の作成・備え付け、標識の掲示等が義務付けられています。都道府県知事は、住宅宿泊事業者に対して監督を実施します。

　住宅宿泊管理業者とは、住宅宿泊事業者のうち、家主が同居しない場合や、不在で営業する場合に管理の委託を受ける事業で、国土交通大臣に登録している者です。住宅宿泊管理業者には営業の適正な遂行のための措置として、住宅宿泊事業者への契約内容の説明や、衛生確保措置、騒音防止のための説明、苦情への対応、宿泊者名簿の作成・備え付け等が義務付けられます。国土交通大臣は、住宅宿泊管理業者に対して監督を実施します。

■ 住宅宿泊事業法全体の枠組

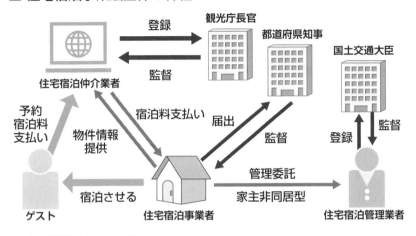

■ 旅館業法との比較

	住宅宿泊事業法	旅館業法（簡易宿所）
日数要件	年間180日以内	なし
客室床面積	宿泊者数に応じた面積基準 （3.3 ㎡ × 宿泊者以上）	33 ㎡以上（10人未満＝3.3 ㎡ × 宿泊者数）
事業開始手続	届出（役所の裁量なし）	許可（役所の裁量あり）
住民トラブル防止措置	・苦情対応義務 ・「標識」提示義務 ・ゲストへの説明義務	なし
宿泊者名簿	氏名、住所、職業 旅券番号等	氏名、住所、職業 旅券番号等
ゲスト確認手続き	氏名、住所等は宿泊サービス提供契約書等で担保	10人未満の施設の場合、本人確認、緊急体制等の代替措置があれば不要
衛生措置	定期的な清掃等の実施	換気、採光、照明、防湿、清掃等の措置
管理者の規制	一定の条件に該当すると国土交通省に登録された管理業者に外部委託する義務有	なし （ただし、労働安全衛生法の義務は別途あり）
行政処分権限	定期報告義務、立入検査、業務改善命令、業務停止命令	報告徴収、立入検査、業務改善命令、業務停止命令

住宅宿泊事業の大きな特徴は何でしょうか。

人を宿泊させる日数上限が180日であることや住宅のまま宿泊事業が営めることです。

　住宅宿泊事業の届出を考える際に、もっとも重要なのは、旅館業の許可とは違い、「人を宿泊させる日数が180日を超えない」という点です。

　住宅宿泊事業法は、前提としては旅館業の要件に至らない事業に対する規制緩和の側面がありますが、あくまで「賃貸物件の空室リスク対策の選択肢として、高い利回りも期待できる民泊という手段を取りうる」という、補助的な事業の位置付けとして考えられていることが日数の制限に表れています。

　この180日の算定方法ですが、毎年4月1日正午〜翌年4月1日の正午までの間で、人を宿泊させた人数となっており、正午から翌日の正午までの期間を1日としてカウントします。

　住宅宿泊事業法は、民泊という概念を前提に、そのまま法律に落とし込んでいますので、旅館業法との大きな違いとして、建物の用途は「住宅」のままで事業を行うという点が挙げられます。建物用途の「住宅」とは厳密にいうと「住宅」「長屋」「共同住宅」「寄宿舎」です。

　特に「共同住宅」と「寄宿舎」は、言いかえればマンションやアパートの一室で民泊を適法に行いうるという点が大きな特徴です。

マンションで住宅宿泊事業を行う場合に、どのような留意点がありますか。

分譲マンションか否か、民泊に供する面積の割合はどのくらいか、他の入居者とのトラブル予防といった留意点があります。

　共同住宅で住宅宿泊事業を行う場合には、主に「使用権原と営業制限」「事業に供する面積割合に基づく消防設備の設置」「同一建物内住民とのトラブル予防」の3つの点に留意する必要があります。

・使用権原と営業制限

　住宅宿泊事業を行う際の使用権原についての考え方は81ページのとおりですが、これに関連して、自身あるいは（賃借物件の場合）賃貸人の所有権が、区分所有か否かが重要です。

　住宅宿泊事業の届出では、営業しようとする建物に区分所有者が存するとき（分譲マンションなど）は、管理組合（分譲マンションの場合に、設けられています）で定める管理規約等に「住宅宿泊事業を営むことを禁止する旨の定めがない」ことを証明しなければなりません。

　この場合、管理規約等に住宅宿泊事業や民泊についての記載が一切ないことをもって「住宅宿泊事業を営むことを禁止する旨の定めがない」と判断することができないため、管理規約で「住宅宿泊事業を営むことができる」と明確な規定がない場合は、さらに管理組合に「住宅宿泊事業を営むことを禁止する意思がない」

第3章 ● 住宅宿泊事業法のしくみ　95

ことを確認した上で、そのことを誓約する誓約書（次ページ）を提出しなければなりません。

・事業に供する面積割合に基づく消防設備の設置

共同住宅の場合、住宅宿泊事業に供する面積が一定の割合を越える場合に、届出する部屋にかかわらず共同住宅の建物全体を共同住宅ではなく、宿泊施設基準に合わせた消防設備を設置しなければなります。

つまり、一部の住宅宿泊事業者のためにマンションの所有者（分譲の場合は、すべての部屋ごとの所有者）に消防設備設置の負担を強いることになるため、実質、消防法令基準を満たすことができずに、届出が不可能な状態となります。

なお、この住宅宿泊事業に供する面積の一定割合に明確な基準がありませんので管轄する消防署に確認する必要がありますが、概ね全床面積の10％程度を超えた時点で該当すると考えられます。

・同一建物内住民とのトラブル予防

共同住宅で民泊を行う場合は、戸建ての場合よりもさらに住民とのトラブルが予想されます。

戸建ての場合も、隣接建物との具合によっては同様の問題がありますが、共同住宅の場合は、必ず民泊をする部屋と他の入居者の部屋（左右と上下の部屋）が隣接しています。宿泊者は旅行気分で気が緩んでいますが、隣接する部屋の入居者にとっては生活の本拠であり、旅行気分で騒がれると迷惑以外の何ものでもありません。

また、入居者以外が頻繁に出入りすることで、本来のオートロックなどの役割が無力化し、不安を覚える入居者も多いようです。さらに、共同住宅ごとに定められているゴミ出しなどのルールが守られず、共用スペースにゴミやタバコのポイ捨てがされることもありますので、共同住宅で民泊をする場合は、より厳格な宿泊者に対する注意喚起が求められます。

書式　住宅宿泊事業を営むことを禁止する意思がないことを確認した誓約書

様式C（国・厚規則第四条第四項第一号ヲ関係）　　　　　　　　　　　　　　（A4）

誓　約　書

　届出者は、管理組合に住宅宿泊事業の実施を報告し、下記のとおり届出時点で住宅宿泊事業を禁止する管理組合の意思がないことを確認しました。

年　　　月　　　日

　　　　　　　　殿

　　　　　　　　　　　商号又は名称

　　　　　　　　　　　氏　　　名　　　　　　　　　　　　　　　印
　　　　　　　　　　　（法人である場合においては、代表者の氏名）

管理組合に報告した日		年　　　月　　　日
管理組合	管理組合名	
	役職	
	氏名	
	連絡先	（　　　　-　　　-　　　）
当該マンションにおける住宅宿泊事業に関する決議		1．無　　2．有
		【2．有】の場合はその決議の内容

①　「当該マンションにおける住宅宿泊事業に関する決議」欄は、該当するものの番号
　　を○で囲むこと。
②　報告する相手方は管理組合の役員であること（理事長等）。
③　管理組合の連絡先は、管理組合が管理業務を委託している管理会社でも可とする。

ウィークリーマンションで空いている期間だけ住宅宿泊事業はできますか。

賃貸借契約である場合は、上限180日にカウントすることなく、交互に営業することも可能です。

　元来、住宅宿泊事業法は、民泊目的で投資物件を購入することを認めておらず、すでに入居者を募集している部屋や、空き部屋を持て余す不動産会社などの第2の事業として民泊を行うことを想定しているため、賃貸借をしていない空いている期間を利用し、住宅宿泊事業を行うことは当然可能です。ただし、住宅宿泊事業（180日間の営業）を行っている間も、継続して入居者の募集をし続ける必要があり、広告などで故意に不利な取引条件を事実に反して記載するなどの行為をしてはいけません。

　また、マンスリーの賃貸借契約などは、借り手の生活の本拠が別にある場合や、部屋の衛生上の維持管理責任が営業者側にあると社会通念上認められる場合には、住宅宿泊事業と判断される可能性があり、営業日数上限の180日の上限が生じることになりますので、注意が必要です。

　なお、賃貸借の入居者が決まり、住宅宿泊事業の活用をいったん停止する場合は、住宅宿泊事業の廃止届を提出する必要があるとされています。ただし、この場合の停止の期間と廃止届出の必要性の関係は、自治体により取扱いが異なる可能性もありますので、管轄の保健所に問い合わせてみてください。

住宅宿泊事業で同時に複数グループを宿泊させる際にどんな点に注意すればよいのでしょうか。

住宅であっても旅館業施設に近い、プライベート確保やセキュリティ対策を検討する必要があります。

　まず、大前提として複数の宿泊グループを同一の届出住宅に宿泊させると営業可能日数上限の180日に影響があるか否かが懸念される場合がありますが、複数の宿泊グループが同一日に宿泊していたとしても、複数日と算定することとはせず、「１日」と算定するとされていますので、この点は大丈夫です。

　問題は、旅館業の場合とは違い、通常の住宅で宿泊事業を行うため、宿泊者同士のプライベートの確保や貴重品の保管がかなり困難になる点と、住宅宿泊事業者自身の管理が煩雑になってしまう点です。そのため、たとえ住宅であっても個々の宿泊室は独立した個別鍵仕様に変更し、共用のリビングや階段などに防犯用のカメラ等の設置を検討する必要が生じます。また、家主同居型の場合は、特定のゲストに付き添って外出してしまうと、住宅宿泊事業法に定める不在要件「原則１時間（事情がある場合２時間程度まで）以上不在とならない」が守れなくなりますので、注意が必要です。

　なお、同一の届出住宅に複数のグループを宿泊させる場合は、「防火の区画等の措置」「自動火災報知設備等の設置」「スプリンクラー設備の設置」などの安全措置が必要になる場合があります（126ページ参照）。

第3章 ● 住宅宿泊事業法のしくみ　99

施設に関する要件について教えてください。

届出の対象の住宅について、台所、浴室、便所、洗面設備などを備える必要があります。

　住宅宿泊事業は、住宅を活用した営業ですので、当然「住宅＝施設」に関する要件が大部分を占めます。

　住宅宿泊事業に使用することができる住宅は「人の居住の用に供されていると認められる家屋」と定められていますが、これはさらに住宅宿泊事業法施行規則で「現に人の生活の本拠として使用されている家屋」「入居者の募集が行われている家屋」「随時その所有者、賃借人、転借人の居住の用に供されている家屋」に区分されています。

　「現に人の生活の本拠として使用されている家屋」とは、現に特定の者の生活が継続して営まれている家屋で、住宅宿泊事業の届出をしようとする者の住民票上の住所とされていれば、当然に営業することが可能だといえます（これを「家主同居型」といいます）。

　一方で住民票上の住所とは別の住宅（生活の本拠としていない住宅）の所有者が住宅宿泊事業の届出をしようとする場合（これを「家主非同居型」といいます）は、「入居者の募集が行われている家屋」か「随時その所有者、賃借人、転借人の居住の用に供されている家屋」のいずれかでなければなりません。

　ただし、広告などで申込がなされないような相場にそぐわない

条件掲示による入居者の募集は、入居者の募集が行われている
ふりであって、実際は民泊等の投資目的の施設と判断されるた
め、住宅宿泊事業の届出はできません。しかし、「随時その所有
者、賃借人、転借人の居住の用に供されている家屋」について、
ガイドラインでは「少なくとも年1回以上は使用しているものの、
生活の本拠としては使用していない家屋（別荘など）」の届出が
認められるとしているため、こちらの要件は緩やかだといえます。
また、相続をしたものの現在居住しておらず、将来は住居として
活用しようと思っている建物を一時的に住宅宿泊事業として活用
することもでき、使用しやすさの落差はあるように思います。

　なお、届出の対象となる住宅であっても、家屋内に台所、浴室、
便所、洗面設備などが備わっていなければならないとされていま
すが、これらの設備は、必ずしも1棟の建物内に設けられている
必要はなく、たとえば、京都の町家などによく見られる浴室のな
い「離れ」についても、浴室のある同一敷地内の「母屋」と併せ
て一つの「住宅」として届出が可能です。また、共同住宅の場
合、部屋ごとを届出住宅とする場合は、その部屋の中に台所、浴
室、便所、洗面設備などが備わっている必要がありますが、1棟
全体（あるいは1フロア）を届出住宅とする場合、複数の部屋で
これらの設備を共用することが認められることもあります。

　それ以外にも、これらの設備は必ずしも独立しているものであ
る必要はなく、3点ユニットバスのように、一つの設備が複数の
機能（浴室、便所、洗面設備）を有している場合も届出が可能で
す。

　旅館業法では中心的課題であった客室床面積の考え方もある程
度、踏襲されています。住宅宿泊事業においても居室の宿泊者
1人当たりの床面積を、3.3㎡以上確保しなければならないので、
旅館業法同様に、壁の内側で測られた建物の面積である「内寸面
積」により算定することになります。

第3章 ● 住宅宿泊事業法のしくみ　101

「現に人の生活の本拠として使用されている家屋」とは、どう判断されるのでしょうか。

実務上では、届出しようとする住宅（家屋）の所在地と届出しようとする者の住民票上の住所が一致しているかで判断されます。

　住宅宿泊事業法の住宅要件のひとつである「現に人の生活の本拠として使用されている家屋」とは、現実に特定の者の生活が継続して営まれている家屋（建物）のことをいいます。
　この場合の「生活が継続して営まれている」とは、短期的に届出しようとする住宅（家屋）を使用している場合は該当しません。
　原則的には、届出しようとする住宅（家屋）の所在地と届け出ようとする者の住民票上の住所が一致している場合が「現に人の生活の本拠として使用されている家屋」に該当すると考えられています。
　つまり、「現に人の生活の本拠として使用されている家屋」で住宅宿泊事業の届出を行う場合は、家主同居型の事業を行うことが前提とされているわけです。
　なお、よく単身赴任などで住民票上の住所と、実際に生活している住所（居所といいます）が異なる場合がありますが、この場合でも何らかの証明書を提出することで「現に人の生活の本拠として使用されている家屋」として認められるか否かについては、現状、国土交通省の明確な見解が出ていません。
　このあたりの取扱いは自治体ごとの判断に委ねられているようです。

入居者の募集が行われている家屋とは、どのように判断されるのでしょうか。

届出を行う際に、入居者募集の広告紙面の写しや、賃貸不動産情報サイトの掲載情報の写し等が確認できるかで判断されます。

　住宅宿泊事業法の住宅要件のひとつである「入居者の募集が行われている家屋」とは、分譲（売却）や賃貸の形態で、人の居住の用に供するための入居者の募集が行われている家屋のことをいいます。これは、住宅宿泊事業を行っている間、継続して行われていなければ、住宅要件を欠くことになります。

　「入居者の募集」については、紙媒体やインターネット上の広告によって行いますが、この際、故意に不利な取引条件を事実に反して記載するといった、事実上、「入居者募集のフリ」となりますので、入居者の募集の意図がないことが明らかな場合は、「入居者の募集が行われている家屋」に該当しないとみなされます。

　なお、「居者の募集が行われている家屋」の要件に該当するとして、住宅宿泊事業の届出を行う際に、どのように要件を満たすかを判断するかですが、具体的には、住宅宿泊事業の届出を行う際に、添付書類（疎明資料）として入居者募集の広告紙面の写しや、賃貸不動産情報サイトの掲載情報の写し等の添付書類で確認をします。その他、賃貸媒介契約書や、レインズ登録証明書、不動産情報ポータルサイト報告書などでも認められる場合がありますので、詳しくは管轄の自治体に問い合わせてみてください。

第3章 ● 住宅宿泊事業法のしくみ　103

「随時その所有者、賃借人又は転借人の居住の用に供されている家屋」とは、どう判断されるのでしょうか。

別荘等に該当するかにつき、周辺の商店で日用品を購入した際のレシートや自宅からの公共交通機関の領収書写しで判断します。

　住宅宿泊事業法の住宅要件のひとつである「随時その所有者、賃借人又は転借人の居住の用に供されている家屋」とは、生活の本拠としては使用していないものの、これに準ずるものとして、所有者等により随時居住に利用されている家屋（別荘やセカンドハウスのこと）をいいます。国土交通省のガイドラインでは、この居住に利用されている頻度は、年1回以上でかまわないとされています。このことから、民泊の投資目的で購入した物件や、新築物件は居住といえる使用履歴が一切ないため、住宅宿泊事業法上の住宅要件には該当しないことが読み取れます。

　随時居住に利用されている家屋の具体例として、別荘やセカンドハウス以外では、「転勤により一時的に生活の本拠を移しているものの、将来的に再度居住の用に供するために所有している空き家」や「相続により所有しているものの、現在は常時居住しておらず、将来的に居住の用に供することを予定している空き家」などがあります。

　なお、届出の際の添付書類（疎明資料）は、届出住宅周辺の商店で日用品を購入した際のレシートや届出住宅と自宅の間の公共交通機関の往復の領収書の写し等の添付書類で判断します。

不在の要件や定義について詳しく教えてください。

 日常生活を営む上で通常行われる行為（1時間程度）を除き、住宅に人を宿泊させる間に届出住宅からいなくなることをいいます。

　住宅宿泊事業者が家主同居型で届出をしている場合は、住宅宿泊管理業者に委託する義務が免除されますが、この際、住宅に人を宿泊させる間、届出者が「不在」にしないことが必要です。

　この場合の「不在」の定義ですが、一時的な不在は許容されるとしており、国土交通省のガイドラインでは、この「一時的な不在」の考え方として、生活必需品の購入等の日常生活を営む上で通常行われる行為を想定したもので、原則1時間と説明されています（生活必需品を購入するための最寄り店舗の位置や交通手段の状況等を考慮して2時間程度までは許容されます）。

　つまり、学生であったり、業務等により継続的に長時間不在とする者などが住宅宿泊事業を家主同居型で行うことは想定されていません。ただし、日常生活を営む上で通常行われる行為は、一日に1回のみ（1時間程度）認められるというものではありませんので、日常生活を営む上で通常行われる行為の範囲内であれば、一時的な不在に回数制限はないとされています。

　また、住宅の共同所有者や、同居の親族が連名で届出することも可能なため、連名で届出（145ページ）をしている場合は、届出者のいずれかが住宅内にいれば不在とはみなされなくなります。

自分の住居のすぐ近くでも家主同居型で届出はできないのでしょうか。

家主同居型で届け出ることは不可能。必ず住宅宿泊管理業者に委託する義務が生じます。

　住宅宿泊事業の家主同居型の条件は、届出住宅内に居住していることが必要とされていますので、いくら届出住宅が自らの住宅の近辺であったとしても、これは家主非同居型でしか営業することが認められません。

　115ページにあるように、届出住宅から発生する騒音その他の事象による生活環境の悪化を認識することができるような「自らの住宅と届出住宅が、同一の建築物内、あるいは同敷地内にあるときや隣接しているとき」は、住宅宿泊管理業者への委託が免除される場合がありますが、この場合も、あくまで家主非同居型の例外にすぎず、家主同居型とは扱われません。

　このことから、自分の住居のすぐ近くで住宅宿泊事業の届出を行う場合、家主同居型で届け出ることは不可能で、必ず住宅宿泊管理業者に委託する義務が生じます。

　ただし、チェックイン・チェックアウトの対応や、近隣住民の苦情対応、緊急時の駆け付けなど、すぐ近くの方が都合がよい管理業務について、委託をした住宅宿泊管理業者から、さらに住宅宿泊事業者自身に再委託をすることが否定されるわけではありません。このことから、遠いよりは自宅の近くの物件で届け出るにこしたことはありません。

住宅宿泊事業が行える住宅の確認方法を教えてください。

4つの水回り設備が備わっており、居住用に利用されているか、あるいは入居者の募集が行われているかを確認します。

　まず、大前提として住宅宿泊事業法上の「住宅」の要件を満たすために、家屋内に「台所、浴室、便所、洗面設備」の設備が備わっていることが必要です。

　そこで、これら設備がそれぞれ使用可能な状態であるか否かを確認する必要があります。

　続いて、届出しようとする住宅が家主同居型の場合は「所在地が届出者の住民票上の住所と一致するか」、家主非同居型の場合には、「入居者の募集が行われている家屋」に該当するか（103ページ）、あるいは「随時その所有者、賃借人又は転借人の居住の用に供されている家屋」に該当するか（104ページ）を確認します。

　また、住宅宿泊事業が行える住宅は、あくまで「住宅」である必要がありますので、建物の用途が「住宅」「長屋」「共同住宅」「寄宿舎」などにあたるかを確認する必要があります。これは建物の登記事項証明書などで確認できます。この際「店舗併設住宅」でも認められる場合があります（109ページ）。

　また、届け出ようとする住宅の適切な使用権原を届出者が有しているか（使用権原があることを証することができるか）についても確認しておく必要があります（81ページ）。

Question 14 管理業者に委託しなくてもよいのはどんな場合でしょうか。

Answer　事業者が届出住宅に同居している場合、または届出住宅と同一の建物や隣接する建物に住んでいる場合などがあります。

　原則として、住宅宿泊事業者自身が届出住宅内に住んでいる「家主同居型」でなければ、住宅宿泊管理業者に管理を委託しなければなりません。例外的に自らが住宅宿泊管理業の登録をしている場合は、他の住宅宿泊管理業者に管理を委託する必要はありません。

　また、届出住宅に同居していないものの、届出住宅と同一の建物内に住んでいる場合や、届出住宅と隣接している建物に住んでいるような場合も例外的に住宅宿泊管理業者に管理を委託する必要はありません。

　ただし、届出住宅が同一の共同住宅内にある場合や、同一の敷地内にある場合等であっても、敷地が広範であるためそれぞれの住戸の距離が著しく離れている場合など、宿泊者が発生する騒音等を認識できないことが明らかな場合は認められません。

　なお、「家主同居型の場合」も、「届出住宅と同一の建物や隣接する建物に住んでいるために、管理業者に委託する必要がない場合」も、届出住宅の居室数が5を超える場合、住宅宿泊事業者が住宅宿泊管理業務の全部を行うことで適切な実施に支障を生ずるおそれがあると考えられており、住宅宿泊管理業者に管理を委託する義務が生じます。

自宅事務所あるいは店舗併設住宅でも住宅宿泊事業は行えますか。

届出しようとする範囲が区画されるのであれば、認められる可能性はあります。

　住宅宿泊事業に用いる住宅は、必ずしも1棟の建物である必要はないとされています。

　したがって、建物の一部分のみを住宅宿泊事業に利用する場合など、事務所や店舗で使用している部分と住宅宿泊事業に利用する部分を区画し、住宅宿泊事業に利用する部分（住宅宿泊事業の届出を行う部分）が、「住宅」の要件（107ページ）を満たすのであれば、区分した部分のみを「住宅」として届け出ることができます。

　このことから、1棟の建物内で店舗と住宅といったように複数の用途が併存する建物において、店舗部分を除いた住宅部分のみが住宅宿泊事業法上の「住宅」として使用することが可能とされているのであれば、その部分のみを「住宅」として届け出ることができます。この場合、届出の際に添付する住宅の図面（147ページ）は、住宅宿泊事業に利用する部分のみを記載すればかまいませんので、区画された事務所部分や店舗部分は除外してかまいません。

　なお、事務所や店舗を区画せずに、同じ範囲を届け出て180日は住宅宿泊事業に、それ以外は別の事業に用いる、といった使用は認められません。

第3章 ● 住宅宿泊事業法のしくみ

新築物件で住宅宿泊事業の届出をすることはできますか。

原則として住宅宿泊事業法の住宅の定義では新築の物件は対象外とされています。

　住宅宿泊事業法で、住宅宿泊事業の届出を行えるのは104ページに記載するような「居住の用に供されている家屋」あるいは「入居者の募集が行われている家屋」などです。
　これは言いかえれば、居住といえる使用履歴がある家屋でなければ住宅宿泊事業に利用することができないということであり、住宅宿泊事業法の制定が、これまで多く見られた「外資による民泊投資」や、「事業者の副業による運営」などを極力排除したい意図の表れです。
　一方で、インバウンド需要に対する供給量の増加への寄与も、住宅宿泊事業法では想定されていることから、有益な民泊の増加は歓迎していますので、「トラブルがほぼ生じないと想定される」「家主と訪日外国観光者との交流など、元来、望ましい形となる」家主同居型の事業に制約をかける必要はありません。
　そのため、新築物件であっても、その届出住宅に届出者が住所を移し、新築物件の所在地と届出者の住所が一致できれば、問題なく、新築物件であっても、住宅宿泊事業の届出を行うことができます。ただし、新築物件の建物用途が「住宅」や「共同住宅」といった居住用である必要があることに注意が必要です。

トイレや風呂が共用の共同住宅で住宅宿泊事業はできますか。

住宅宿泊事業で使用する住宅の便所や風呂は、同一の敷地内の建物について一体的に使用する権限があれば認められます。

　住宅宿泊事業法上の「住宅」の要件を満たすために、必要とされる「台所、浴室、便所、洗面設備」の設備は、必ずしも1棟の中に備わっている必要はなく、同一の敷地内の建物について一体的に使用する権限があれば認められます。

　たとえば、町家などによく見られる浴室のない「離れ」について、浴室のある同一敷地内の「母屋」と併せて一つの「住宅」として届け出る場合も認められますし、質問のような便所や風呂が共用の共同住宅で住宅宿泊事業を行うことも認められるということになります。

　また、これらの設備は必ずしも独立しているものである必要はなく、3点ユニットバスでもかまいません。

　これら「台所、浴室、便所、洗面設備」の設備は、一般的に求められる機能を有していれば足りるとされていますので、たとえば浴室については、浴槽がない場合においてもシャワーがあれば足りますし、便所についても和式・洋式等に決まりはありません。

　なお、便所や風呂が共用の共同住宅は法令上「寄宿舎」という区分で扱われ、当然に許容されるものとして記載されています。

第3章 ● 住宅宿泊事業法のしくみ　111

洗面設備がない住居ですが、住宅宿泊事業の要件を満たさないのでしょうか。

洗面設備に代替えできる手段があれば、要件を満たす可能性はあります。

　住宅宿泊事業法上の「住宅」の要件を満たすために、必要とされる「台所、浴室、便所、洗面設備」の設備は、必ずしも独立しているものである必要はないとされています。

　その際たる例は、3点ユニットバスも認められているということです。同様に洗面設備も、一般的な洗面台しか認められないというわけではありません。

　洗面台としての機能を代替できる機能を有していれば認められますし、必ずしも独立しているものである必要はないとの解釈から、たとえば、台所と洗面設備を兼用として届け出ることも可能です。

　ただし、この場合、しっかりと宿泊者が通常必要とされる洗面設備の機能を利用できる状態にあることが必要なため、最低限、「水が出る」「排水することができる」「顔全体を映し出すことが可能な鏡を設置する」などの機能を有している必要があり、できれば、お湯も出ることが望ましいといえます。

　なお、このうち「顔全体を映し出すことが可能な鏡を設置する」の「鏡の設置」についても台所のシンクと一体不可分であることは求められませんので、極端に言えば、台所に別で購入した大きな鏡を置くことで認められます。

住宅宿泊事業を営むことのできないのはどんな場合でしょうか。

未成年者である場合など住宅宿泊事業法が定める欠格事由に該当している場合です。

　住宅宿泊事業を営もうとする者は、住宅宿泊事業法4条に定める欠格事由に該当していない必要があります。該当してはいけないそれぞれの欠格事由は以下のとおりです。
① 　成年被後見人や被保佐人
② 　破産者
③ 　事業廃止を命じられ、3年を経過しない者
④ 　刑罰等の執行後、3年を経過しない者
⑤ 　暴力団員等
⑥ 　未成年者で法定代理人が①〜⑤のいずれかに該当するもの
⑦ 　法人で、役員のうち①〜⑤のいずれかに該当する者があるもの
⑧ 　暴力団員等がその事業活動を支配する者
　①は、精神上の障害により、事理を弁識する能力を欠く者や著しく不充分な者を指します。具体的には、認知症やアルツハイマーなどがありますが、2016年に成立した成年後見制度利用促進法を受けて、今後削除など見直しが進められる可能性があります。なお、届出を行う場合は、欠格事由に該当していないことを証する書類や誓約書などを添付する必要があります。

Question 20 同居していれば、本業をしながら住宅宿泊事業を行えますか。

副業としての住宅宿泊事業は、特殊な事業がない限り「家主非同居型」になります。

　住宅宿泊事業では事業者たる家主が同居している場合の「家主同居型」、届出しようとする住宅を生活の本拠としていない事業者が行う「家主非同居型」という2種類の営業形態がありますが、これら営業形態ごとに課される義務はそれぞれ異なります。
　まず、民泊の起源ともいえるホスト自身の自宅の一部を提供することが通常であった「ベッド・アンド・ブレックファスト」に基づき、住宅宿泊事業法も「家主同居型」を原則として考えています。この家主同居型は「不在時」の要件が問題となります。住宅宿泊事業法11条では、「住宅宿泊事業者は…届出住宅に人を宿泊させる間に不在となるときには住宅宿泊管理業者に委託（この場合、家主非同居型と同じ規制になる）しなければならない」と定めているため、不在とみなされるのがどのような場合を指すのかが重要です。
　この要件はさらに住宅宿泊事業法施行規則9条3項に規定に「日常生活を営む上で通常行われる行為に要する時間の範囲内」という定めがあり、ガイドラインでは、この日常生活を営む上で通常行われる行為」について、生活必需品の購入等を想定したものとされており、地域の事情等を考慮し、一概に定めることは適当ではないとしつつも、「原則1時間〜2時間程度までの範囲」

という説明があります。つまり、副業としての住宅宿泊事業は、特殊な事業がない限り「家主非同居型」になると考えられます。

　続いて「家主非同居型」の要件ですが、最も重要なものとして、住宅宿泊事管理業者に管理業務を委託しなければならないことが挙げられます。ただし、家主非同居型であっても、住宅宿泊事業者が届出する住宅と同一の建築物内、あるいは同一の敷地内にある建物に住んでいる場合、隣接する建物（届出住宅の騒音などが認識できる範囲）に住んでいる場合などは、管理業務を外部委託しなくてもよいとされています。また、「家主非同居型」の場合は高度なゲストの安全確保が重要となることから、ホテル・旅館並みの非常用照明器具、自動火災報知設備といった消防設備の設置、避難経路の表示などが必要になります（家主同居型も宿泊室の面積が50㎡を超える場合は同様）。

■ 家主同居型と家主非同居型の比較 ⋯⋯⋯⋯⋯⋯⋯⋯⋯⋯⋯⋯⋯⋯

	家主同居型	家主非同居型
特徴	届出住宅に住民票有（生活の本拠）1～2時間以上不在とならない	生活の本拠としていないゲストを宿泊させる間、不在となる
イメージ	ホームステイ・下宿	投資・賃貸物件の転用
管理者	事業者自身	管理業務を委託した住宅宿泊事管理業者
消防設備	通常の住宅と同等の設備（宿泊室50㎡以下の場合）	旅館業と同等の設備
例外	届出住宅の居室が5室を超えるときは、住宅管理業者に管理業務の委託が必要	住宅宿泊事業者の生活の本拠とする住宅と届出住宅（居室合計が5室以下）が、同一の建築物内もしくは敷地内にあるときまたは隣接しているときは住宅管理業者への管理業務委託が不要

第3章 ● 住宅宿泊事業法のしくみ　115

居室の考え方について具体的に教えてください。

宿泊者が占有する部分をいい、押し入れや床の間など宿泊者が常識的に足を踏み入れない部分は除かれます。

　居室とは、宿泊者が占有する部分をいいます。このことから、宿泊者が占有しない台所、浴室、便所、洗面所、廊下などは居室と考えませんので、家主同居型の場合と、家主非同居型で居室の範囲の考え方が大きく異なります。

　また、押し入れや床の間など宿泊者が常識的に足を踏み入れない部分は居室から除かれますので、宿泊者が占有する寝室（住宅宿泊事業法では、宿泊室といいます）の中にあっても、押し入れや床の間は居室から除去して考えます。

　居室は、届出書に添付する「住宅の図面」にも面積などを含めて明示しなければならず、また、届出書の第四面に、「住宅の図面」で記載した面積を転記する必要もありますので、面積の考え方はしっかり認識しておく必要があります。

　次ページの図面を例に、居室の導き方を「家主同居型」と「家主非同居型」の違いをふまえながら説明します。なお、住宅宿泊事業の届出では、居室の面積は各部屋の「内のり（内寸面積）」で計算する必要があります。

　家主同居型の場合、宿泊者が占有する部分は①のみとなりますので、①の面積「2.58×3.49＝9.00㎡」から、押し入れ「0.9×

■ 家主同居型の場合の間取り例

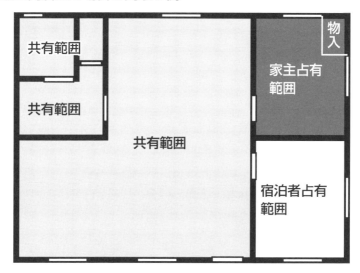

■ 家主同居型の居室の計算

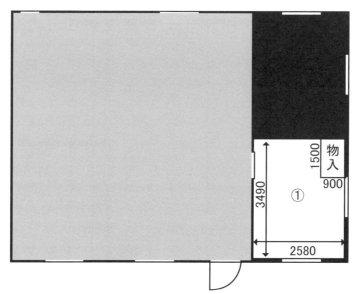

第3章 ● 住宅宿泊事業法のしくみ 117

1.5=1.35㎡」を除いた「7.65㎡」が、居室面積となります。

なお、届出住宅には、必ず家屋内に台所、浴室、便所、洗面設備を備えておく必要があります（107ページ）が、家主同居型の場合、これらの設備が必ず、宿泊者も使用できる状態（宿泊者占有範囲、あるいは共有範囲に設置されている）でなければなりませんので、家主占有範囲の決定には注意が必要です。

家主非同居型の場合、宿泊者が占有する部分は①、②、③、④、⑤、⑥のすべてとなりますので、①の面積「2.58×3.49=9.00㎡」、②の面積「2.58×3.49=9.00㎡」、③の面積「4.4×7.13+2.43×3.49=39.85㎡」、④の面積「2.355×1.59+0.76×0.351=4.01㎡」、⑤の面積「0.76×1.302=0.98㎡」、⑥の面積「1.67×1.75=2.92㎡」を加算した「65.76㎡」から、①と②の押し入れ「0.9×1.5+0.9×1.5=2.7㎡」を除いた「63.06㎡」が、居室面積となります。

■ **家主非同居型の居室の計算**

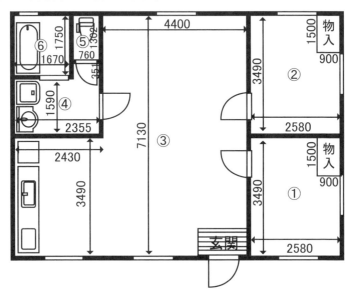

　宿泊室とは、宿泊者が就寝するために使用する部分をいいます。これは家主同居型の場合でも、家主非同居型の場合でも違いはありません。居室の考え方（116ページ）と同様に、押し入れや床の間など宿泊者が常識的に足を踏み入れない部分は宿泊室から除かれます。

　次ページの図面を例に、宿泊室の導き方を「家主同居型」と「家主非同居型」の違いをふまえながら説明します。なお、住宅宿泊事業の届出では、宿泊室の面積は各部屋の「壁芯（壁の中心線で囲まれた部分の水平投影面積）」で計算する必要があります。

　家主同居型の場合、宿泊者が就寝する部分は①のみとなりますので、①の面積「2.73×3.64=9.9372㎡」から、押し入れ「1.05×1.65=1.7325㎡」を除いた「8.25㎡」が、宿泊室面積となります。

　家主非同居型の場合、宿泊者が就寝する部分は①、②の二部屋となりますので、①の面積「2.73×3.64=9.9372㎡」、②の面積「2.73×3.64=9.9372㎡」を加算した「19.8744㎡」から、①と②の押し入れ「1.05×1.65+1.05×1.65=3.465㎡」を除いた「16.4㎡」が、宿泊室面積となります。

■ 家主同居型の宿泊室の計算

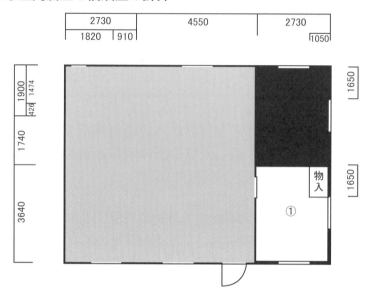

■ 家主非同居型の宿泊室の計算

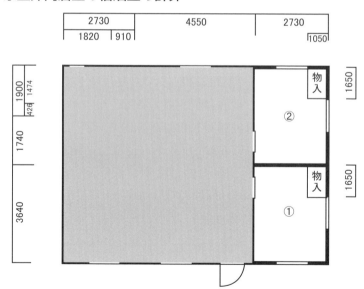

宿泊室以外の宿泊者が使用する部分の考え方について詳しく教えてください。

家主占有部分と、宿泊者の宿泊室を除いたすべての部分をいいます。

「宿泊者の使用に供する部分（宿泊室を除く）」とは、宿泊者の占有か住宅宿泊事業者との共有かを問わず、宿泊者が使用する部分すべてを指します。

このことから、家主同居型における家主占有部分と、宿泊者の宿泊室を除いたすべての部分が「宿泊者の使用に供する部分（宿泊室を除く）」に含まれます（居室や宿泊室と異なり、押し入れや床の間も含まれます）。

次ページの図面を例に、「宿泊者の使用に供する部分（宿泊室を除く）」の導き方を「家主同居型」と「家主非同居型」の違いをふまえながら説明します。

なお、住宅宿泊事業の届出では、「宿泊者の使用に供する部分（宿泊室を除く）」の面積は各部屋の「壁芯（壁の中心線で囲まれた部分の水平投影面積）」で計算する必要があります。

家主同居型の場合、宿泊者の使用に供する部分は③、④、⑤、⑥に①の物入を加算した部分となりますので、③の面積「4.55×7.28+2.73×3.64=43.0612㎡」、④の面積「2.73×1.74+0.91×0.426=5.13786㎡」、⑤の面積「0.91×1.474=1.34134㎡」、⑥の面積「1.82×1.9=3.458㎡」を加算した「52.9984㎡」に、①の押し入れ「1.05××1.65=1.7325㎡」を足した「54.7309㎡」が、宿泊者の使用

に供する部分となります。

　家主非同居型の場合、宿泊者の使用に供する部分は③、④、⑤、⑥に①と②の物入を加算した部分となりますので、③の面積「4.55×7.28+2.73×3.64=43.0612㎡」、④の面積「2.73×1.74+0.91×0.426=5.13786㎡」、⑤の面積「0.91×1.474=1.34134㎡」、⑥の面積「1.82×1.9=3.458㎡」を加算した「52.9984㎡」に、①の押し入れ「1.05×1.65+1.05×1.65=3.465㎡」を足した「56.4634㎡」が、宿泊者の使用に供する部分となります。

■ **家主同居型の宿泊者の使用に供する部分の計算** ･････････････

■ **家主非同居型の宿泊者の使用に供する部分の計算** ･････････

122

ロフトや坪庭なども居室の面積に入りますか。

建築基準法上、建築面積に含まれるか否かで判断することになります。

　住宅宿泊事業法上の居室は、宿泊者が占有する部分をいいます。また、居室の範囲内にあっても、押し入れや床の間など宿泊者が常識的に足を踏み入れない部分は居室から除かれます。

　この場合、ロフトや坪庭を居室の面積に入れるか否か、判断に迷うことがあると思います。

　結論から言うと、居室に含むべきか否かは「宿泊者が占有するか否か」「宿泊者が足を踏み入れるか否か」に加えて、大前提として建築基準法の建築面積に含まれるか否かも重要です。

　建築面積は「建築物の外壁等の中心線で囲まれた部分の水平投影面積による」とされており、また「高い開放性を有する場合は出先から1mの範囲を不算入とする」となっています。

　このことから、一般的なバルコニーは当然、建築面積に参入されません。坪庭の場合は、四方が壁で囲まれ、屋根もあるような「屋内的用途に供する」ものは、建築面積に含まれることがありますので、最終的には「宿泊者が足を踏み入れるか否か」で判断することになります。一方でロフトについては、建築基準法上、ロフトがある階の床面積2分の1未満の範囲で物入として設けることが認められている性質であるため、建築面積に含まれることがなく、当然居室面積の対象外となります。

第3章 ● 住宅宿泊事業法のしくみ

住民の生活環境保全に関する義務について教えてください。

騒音防止やゴミ処理、火災防止など周辺地域の生活環境に関する義務が定められています。

　住宅宿泊事業法は、急増する訪日外国人観光客のニーズと大都市部での宿泊需給の逼迫状況等に対応するため、民泊の適正な運営を確保することを念頭に置いていますが、これまでの民泊ビジネスに起因した近隣住民とのトラブルが少なからず発生し、社会問題化していたことが背景にあるため、周辺地域の生活環境への悪影響の防止対策が義務化されています。

　これは、従来の旅館業法では義務化されていなかった重要なルールです。具体的には住宅宿泊事業法施行規則8条に「騒音防止」「ゴミの処理に関する配慮」「火災の防止」という項目が挙げられています。また、住宅宿泊事業者はこれらの注意事項について外国人のゲストに対して外国語による説明義務が課され、その他、周辺地域の住民からの苦情、問い合わせに適切かつ迅速に対応しなければならないものとされており、これは深夜早朝を問わず、常時、応対することや電話により対応する必要があります。これは、宿泊者が滞在していない場合であっても同様です。

　なお、住宅宿泊事業に起因して発生したゴミですが、廃棄物処理法に従って、産業廃棄物（事業活動に伴って生じたゴミ）として処理する必要があります。具体的にはゴミの回収について産業廃棄物収集運搬業許可などを有する事業者に委託する必要があります。

宿泊者の安全確保について、具体的に何をすればよいのでしょうか。

消防法令に基づいた設備の設置をはじめ、防火管理体制の構築や避難経路の表示などがあります。

　住宅宿泊事業者に義務付けられている「宿泊者の安全確保義務」は大きく分けて3つの内容に分けられます。
　まず、「消防法令に基づいた設備の設置や防火管理体制の構築」です。これについては、住宅宿泊事業の届出で添付書類として「消防法令適合通知書」が求められていることがほとんどのため（自治体によっては不要な場合もあります）、これによって義務を果たしているか否かが判断されます（消防法令に関する詳細は200ページを参照）。
　次に、家屋の状況や届出住宅周辺の状況に応じた「災害時に宿泊者が円滑で迅速な避難」を実現できる避難経路の表示と避難場所等に関する情報提供が必要です。避難経路はホテルや旅館で見られるものと同程度の避難経路図を各宿泊室に掲示し、外国語での解説が必要です。災害時の避難場所については、宿泊者は災害時、帰宅困難者として家主（事業者）と避難場所が異なりますので、あらかじめ地元の帰宅困難者用の避難場所を把握しておき、チェックイン時などに説明しておくなどの対策が必要です。
　さらに、「宿泊者の安全の確保を図るために必要な措置」で、届出住宅の建て方や規模等に応じて詳細なガイドラインが国土交

通省より「民泊の安全措置の手引き」として公表されています。

　この内容は、「①非常用照明の設置」「②防火の区画等」「③その他の安全措置」に区分されます。

① **非常用照明の設置**

　非常用照明は、災害時などに停電した際、人々を速やかに避難できるよう居室に設けるバッテリー等で灯火する照明装置です（218ページ）。

　家主同居型で宿泊室の床面積が50㎡を超える場合には、設置が必要となります（具体的な設置基準は218ページを参照）。

② **防火の区画等**

　上記非常照明の設置とは別に、家主同居型で宿泊室の床面積が50㎡を超える場合で「複数の宿泊室に複数のグループを宿泊させる」ときは、宿泊室と廊下、階段などの間を準耐火構造の壁で区画し、給水管・配電管と準耐火構造の区画との隙間をモルタルなどの不燃材料で埋める必要があります。また、換気・暖房・冷房などの設備の風道が準耐火構造の区画壁を貫通する場合、火災による急激な温度上昇時に自動閉鎖し、閉鎖した際に、防火上支障のない遮煙性能・遮炎性能を有する防火ダンパーを備える必要があります。

　なお、これら防火区画措置は、自動火災報知設備の設置やスプリンクラーの設置等で置き換えることができる場合もあります。

③ **その他の安全措置**

　その他、2階以上で宿泊室の床面積が各階合計100㎡を超える場合は「避難階や出口に通じる直通階段を2以上設置する」、各階の宿泊者使用部分床面積の合計が200㎡を超える場合は「幅1.6m以上の専用廊下とする」、宿泊室を3階以上に設ける場合は「耐火建築物とする」などの安全措置が必要になります。

Q27 「外国人観光旅客への快適性・利便性の確保」とは具体的に何をすればよいのでしょうか。

家電の使用方法から交通機関、緊急連絡まで、あらゆる情報の提供が必要です。

住宅宿泊事業者に義務付けられている「外国人観光旅客である宿泊者の快適性及び利便性の確保」は、外国人観光旅客である宿泊者に対して「設備の使用方法に関する（外国語による）案内」と、「移動のための交通手段に関する（外国語による）情報提供」「火災、地震といった災害が発生した場合の通報連絡先の（外国語による）案内」を行う必要があります。

「設備の使用方法に関する案内」とは、たとえば、台所周りの器具の使用方法をはじめ、風呂、エアコン、便所、Wi-fiへの接続方法など、さまざまな設備の使用方法を外国語で説明したガイドを備え付けておきます。

「移動のための交通手段に関する情報提供」は、最寄りの駅等の利便施設への経路等を外国語を用いて説明することをいいますが、各観光スポットのガイドや全体マップ、移動手段、食事場所などを多言語でまとめたガイドが各公共施設に設置してありますので、そういったものを施設に備えておくことも便利です。

また、「火災、地震といった災害が発生した場合の通報連絡先の案内」は消防署などで公式なひな形が用意されていることもありますが、これに加えて警察署、医療機関、住宅宿泊管理業者への連絡方法等を多言語で準備する必要があります。

住宅宿泊事業者に課されるその他の義務について教えてください。

定期的な清掃などの衛生や安全を確保する義務の他、宿泊名簿の備付義務を負います。

　住宅宿泊事業者にはさまざまな義務が課されています。まず、施設を利用するゲストに配慮して「定期的な清掃や衛生の確保」と「安全確保措置」が求められます。

　「定期的な清掃や衛生の確保」はガイドラインでは、「設備や備品等については清潔に保ち、ダニやカビ等が発生しないよう除湿を心がけ、定期的に清掃、換気等を行うこと」「寝具のシーツ、カバー等直接人に接触するものについては、宿泊者が入れ替わるごとに洗濯したものと取り替える」といった宿泊施設では必須の具体的な方向性が示されています。

　安全確保措置とは、施設に関する要件で触れた非常用照明器具の設置をはじめ、避難経路の表示などです。また、災害が発生した場合におけるゲストの安全確保（たとえば、施設の大きさに合わせた耐火措置など）があります。その他、ゲストが外国人である場合に、快適かつ利便性の高い時間を過ごしてもらえるよう、外国語による設備の説明や移動・交通手段の説明、火災などの災害が発生した場合に備えた通報連絡先の表示などがあります。

　他にゲストに関する義務としては、旅館業法と同じく宿泊名簿の備付義務があります。宿泊名簿にはゲストの氏名、住所、職業、宿泊日、（外国人の場合）国籍・旅券番号などを記録し、3年間

保存しなければなりません。

　ゲストに関するもの以外で特徴的なものとしては標識の掲示義務と都道府県知事への定期報告義務があります。標識とは住宅宿泊事業者の連絡先や届出番号などが表示された掲示物で、ガイドラインでは、届出住宅の門扉、玄関などの、地上 1.2 m以上 1.8 m以下で、公衆が認識しやすい位置に掲示することが望ましいとしています。

　また、都道府県知事への定期報告では、今後運用が予定されている民泊制度運営システムを利用して（都道府県ごとに例外あり）、一定期間の「宿泊日数」「宿泊者数」「延べ宿泊者数」「国籍別の宿泊者数の内訳」などを報告することになります。

■ 住宅宿泊事業者の義務

住宅宿泊事業者の義務	主な内容
知事への報告	２か月ごとに「宿泊日数」「宿泊者数」「延べ宿泊者数」「国籍別の宿泊者数の内訳」などを報告
宿泊者の衛生確保と安全確保	設備等を清潔に保ち、定期的に清掃 リネン類は、宿泊者ごとに洗濯 など
宿泊名簿の備え付け	宿泊者の氏名、住所、職業、宿泊日、国籍、旅券番号などを記録
周辺住民に対する義務	外国語による騒音防止・ゴミの処理・火災の防止等の説明、周辺住民からの苦情・問い合わせ対応
外国人ゲストに対する快適性と利便性の確保	外国語による設備の説明・移動手段の説明、火災・災害が発生時の通報連絡先表示
安全確保措置	非常用照明器具の設置、避難経路の表示、災害発生時の対策

第3章 ● 住宅宿泊事業法のしくみ　129

Question 29 掲示標識3種類の違いがよくわからないので教えてください。

4号が家主同居型、6号が家主非同居型、5号が家主非同居型の例外に掲げる標識です。

4号様式は、住宅宿泊事業者が同居し、届出住宅の管理を自ら行っている場合に掲げる標識です。

5号様式は、届出住宅には同居していないものの隣接している住宅や同じ建物内に住んでいることから、管理業務の外部委託が免除され、届出住宅を自ら管理している場合に掲げる標識です。

6号様式は、上記以外で、住宅宿泊管理業者に管理業務を委託する場合に掲げる標識です（住宅宿泊事業者が自ら住宅宿泊管理業者として管理業務を行う場合も含みます）。

■ 3つの標識

第4号様式

第5号様式

第6号様式

130

住宅宿泊管理業者はどのような業務を行うのでしょうか。

施設利用方法の説明や安全確保の措置の他、近隣トラブルへの対処を担います。

　住宅宿泊管理業者は、これまでの旅館業法では対象とされてこなかった民泊運営管理代行業者のことです。家主非同居型の住宅宿泊事業を管理するために国土交通省に登録し、住宅宿泊事業者と管理委託契約を締結した者をいいます。

　住宅宿泊事業の管理とは、ゲストのチェックインに始まり、宿泊名簿の作成・備え付け、施設利用方法の説明、ゲストの衛生や安全確保の措置（日常清掃・クリーニングや、防災活動・点検など）、騒音や苦情など近隣トラブル対処などがあります。

　特に、周辺住民からの苦情に応答し、ゲストに行為の中止を求めたり（外国語対応が標準）、緊急を要する通報に対しては、警察署や消防署、医療機関等に連絡をしたり、ゲストに対する宿泊拒否の対応をするなど、かなり責任の重い役割を担います。

　もちろん、チェックアウト後の住宅状況確認（破損や忘れ物有無など）を行ったり、棄損などの有害行為に対しての法的措置の助言などを行うことも想定されています。

　また、長期滞在者に対しては、定期的な面会を行い、所在不明となっていないかの安否確認や、反対に契約外の不審者が滞在していないかなどの事項を確認することもあります。

第3章 ● 住宅宿泊事業法のしくみ　131

 住宅宿泊管理業の登録要件を教えてください。

 登録拒否事由に該当せず、特定の免許や経験を持ち、一定の体制構築が必要です。

　非常に責任の重い役割を担う住宅宿泊管理業者は、誰でも登録できるわけではありません。住宅宿泊事業法25条には住宅宿泊管理業者の登録拒否事由が規定されていますが、これを整理すると以下のようになります。
① 成年被後見人、被保佐人
② 破産者
③ 登録取消後、5年を経過しない者
④ 刑罰等の執行後、5年を経過しない者
⑤ 暴力団員等
⑥ 住宅宿泊管理業に関し不正や不誠実な行為をするおそれがあると認めるに足りる相当の理由がある者
⑦ 未成年者で法定代理人が①～⑥のいずれかに該当するもの
⑧ 法人で、役員のうち①～⑥のいずれかに該当する者があるもの
⑨ 暴力団員等がその事業活動を支配する者
⑩ 財産的基礎を有しない者
⑪ 住宅宿泊管理業を的確に遂行するための必要な体制が整備されていない者
　このうち、①は、精神上の障害により、事理を弁識する能力を欠く者や著しく不充分な者を指します。具体的には、認知症やア

ルツハイマーなどがありますが、2016年に成立した成年後見制度利用促進法を受けて、今後削除など見直される可能性があります。

また、⑥の「住宅宿泊管理業に関し不正又は不誠実な行をするおそれがあると認めるに足りる相当の理由がある者」とは、2017年12月に国土交通省が策定したガイドラインにおいて「③の取消処分逃れで廃業した者」や「違法民泊業者（旅館業の罰金刑に処せられた者など）」とされています。

その他、⑩の「財産的基礎を有しない者」とは、同ガイドラインにおいて「負債の合計額が資産の合計額を超えないこと」や「支払不能（債務が返済できないこと）に陥っていないこと」とされています。

中でも判断が難しいものとして、⑪の「住宅宿泊管理業を的確に遂行するための必要な体制が整備されていない者」があります。

これは、さらに「(1)管理受託契約の締結に係る業務の執行が法令に適合することを確保するための必要な体制が整備されていると認められない者」と「(2)住宅宿泊管理業務を適切に実施するための必要な体制が整備されていると認められない者」に区分されています。(1)を砕いて説明すると次ページの図のように一定の資格や実務経験などが必要です。

(2)については、しっかりとした人員体制の確保が原則となりますが、再委託による人員の確保を予定している場合には、再委託先の人員体制が重要視されます。

ただし、この場合の再委託先は必ずしも住宅宿泊管理業の登録を行っている必要はありません。

住宅宿泊事業法では、住宅宿泊管理業者が再委託先に住宅宿泊管理業務の全部を委託することを禁止していますので、この場合の再委託は、ゴミの回収や寝具・衛生用品の洗濯、備品の管理・補充などの一部の事実行為のみを予定していると考えられます。

第3章 ● 住宅宿泊事業法のしくみ　133

また、ICT（情報技術に通信コミュニケーションのメリットを不可した技術）などを用いた遠隔による管理（たとえば、テレビ電話やタブレット端末などによるゲストの滞在確認や騒音センサーによる管理など）を行う場合や、電子キーなどを用いて鍵の受け渡しを行うなど、管理業者が直接鍵の受け渡しを行わない場合には人員体制の確保は緩和されます。ただし、いずれにしても、営業所または事務所の実態がなければ必要な体制が整備されているとは認められません。

■ 住宅宿泊管理業者の登録要件一覧 ………………………………………

財産的基礎要件		負債の合計額が資産の合計額を超えないこと	
		支払不能に陥っていないこと	
必須要件 住宅宿泊管理業の的確遂行体制	管理業務の執行が法令に適合するために必要な体制整備	法人の場合	・住宅の取引又は管理に関する契約実務を伴う2年以上の業務経験 ・宅地建物取引士有資格者 ・マンション管理業務主任者有資格者 ・賃貸不動産経営管理士有資格者
		個人の場合	・住宅の取引又は管理に関する契約実務を伴う2年以上の事業経験 ・宅地建物取引業免許 ・マンション管理業登録 ・賃貸住宅管理業登録
	管理業務を適切に実施するために必要な体制整備		営業所又は事務所の実態があること ・管理業務を適切に実施する人員体制が確保されていること （ICT等を用いた遠隔による管理に置き換えることは可能）
その他欠格事由	・成年被後見人、被保佐人 ・破産者 ・登録取消後、5年を経過しない者 ・刑罰等の執行後、5年を経過しない者 ・暴力団員等 ・住宅宿泊管理業に関し不正や不誠実な行為をするおそれがある者 ・未成年者で法定代理人が①〜⑥のいずれかに該当する者 ・法人で、役員のうち①〜⑥のいずれかに該当する者がある者 ・暴力団員等がその事業活動を支配する者		

134

住宅宿泊管理業者の義務にはどのようなものがありますか。

住宅宿泊事業者から委託された管理義務以外に、委託者に対する説明義務や書面交付義務などがあります。

　大前提として、委託を受ける住宅は、住宅宿泊事業者の貴重な財産であり、住宅宿泊管理業者の管理責任の大きさに留意しなければなりません。住宅宿泊事業法では、住宅宿泊管理業者は常に公正な立場を保持して、業務を誠実に遂行することで委託者の利益を保護するよう定めており、さまざまな義務を住宅宿泊管理業者に課しています。

　ここでは、実際に住宅宿泊事業者と住宅宿泊管理業者が管理業務委託契約を締結する流れに沿ってそれぞれの義務を説明していきます。

① 契約締結前

　住宅宿泊管理業者は、業務の広告をする際、虚偽広告や誇大広告をすることが禁止されています。広告とは、新聞の折込チラシをはじめ、ポスティング、テレビ、ラジオ、インターネットのホームページなどを含みます。

　誇大広告とは、実際のものよりも著しく優良である、有利であると人に誤認させるような表示をいいます。規制対象となる広告は「住宅宿泊管理業者の責任に関する事項」「報酬の額に関する事項」「管理受託契約の解除に関する事項」とされています。

さらに、住宅宿泊管理業者は、不当な勧誘等をしてはならないと定められています。不当な勧誘等とは、管理受託契約に関する事項でその判断に影響を及ぼすことになる重要な事項につき、故意に虚偽の内容を告げたり、告げるべき事項を告げないようなことをいいます。この場合の「判断に影響を及ぼすこととなる重要な事項」とは、委託報酬に関する事項や、責任および免責に関する事項等など相手方の不利益に直結する事項です。

その他にも、相手方の承諾なく午後9時から午前8時までの時間帯に、電話勧誘または訪問勧誘を行う行為や、その気のない相手に執拗に勧誘する行為も含まれます。なお、届出の住宅の事情を、考慮して住宅宿泊管理業務の適切な実施を確保できないことが明らかであるのに、この住宅を対象とした管理受託契約を締結する行為も不当な勧誘等にあたるとされています。

② **契約締結時**

住宅宿泊管理業者は、管理受託契約の締結に際し、相手方に対し、管理受託契約の内容やその履行に関する以下の事項について書面を交付して説明する義務を負います。

ⓐ 管理受託契約を締結する住宅宿泊管理業者の商号、名称または氏名、登録年月日・登録番号

ⓑ 住宅宿泊管理業務の対象となる届出住宅

ⓒ 住宅宿泊管理業務の内容、実施方法

ⓓ 報酬とその支払時期、方法

ⓔ 前号に掲げる報酬に含まれていない住宅宿泊管理業務に関する費用であって、住宅宿泊事業者が通常必要とするもの

ⓕ 住宅宿泊管理業務の一部の再委託に関する事項

ⓖ 責任、免責に関する事項

ⓗ 契約期間に関する事項

ⅰ 契約の更新、解除に関する事項

　これらのうち、ⓒ住宅宿泊管理業務の内容および実施方法では、届出住宅の維持保全と管理業務の内容について、届出住宅の状況等に応じて回数や頻度、方法等を明示して可能な限り具体的に説明する必要があります。

　管理受託契約を締結したときは相手方に対し、遅滞なく、契約書の書面を交付する義務を負っています。この契約の書面は「対象の住宅」「住宅宿泊管理業務の実施方法」「報酬に関する事項」「住宅管理業務の内容」「責任、免責に関わる事項」など、たくさん定められていますが、これについては、国土交通省より住宅宿泊管理標準契約書（152ページ）が公表されています。

③　契約締結後

　住宅宿泊事業者より管理業務の委託を受けた場合は、本来、住宅宿泊事業者に課される「宿泊者の衛生確保義務」や「宿泊者の

■ 管理業務執行が法令に適合するかの判断

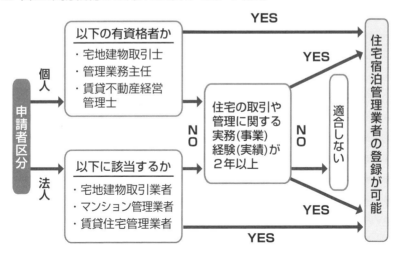

安全の確保義務」「外国人宿泊客に対する快適性と利便性の確保義務」などが受託した管理業者に移転します。実際に管理業務を遂行していく中では、営業所または事務所ごとに、公衆の見やすい場所に住宅宿泊管理業者登録票を掲げる義務を負い、住宅宿泊管理業務の実施状況や届出住宅の維持保全状況、周辺地域の住民からの苦情の発生状況について住宅宿泊事業者に定期的な報告をしなければなりません。

●義務を果たさないとどうなるのか

　住宅宿泊管理業の適正な運営を確保するため必要があると認めるときは、国土交通大臣より業務の方法の変更や運営の改善に必要な措置をとるべきことが命じられます。

　業務改善命令に違反すると、登録の取消しや1年以内の期間を定めてその業務の全部あるいは一部の停止が命じられることになります。このうち、登録が取り消された場合、登録は抹消されます。

■ 住宅宿泊管理業者登録票 ……………………………………………

標　　　　識

住 宅 宿 泊 管 理 業 者 登 録 票	
登 録 番 号	国土交通大臣 （ 　 ） 第 　 　 号
登 録 年 月 日	年 　 　 　 月 　 　 　 日
登 録 の 有 効 期 間	年 　 月 　 日 から 　 年 　 月 　 日 まで
商 号 、 名 称 又 は 氏 名	
主たる営業所又は事務所の所在地	電話番号 　 （ 　 　 ）

30cm以上

35cm以上

住宅宿泊事業届出の手続きの流れと必要書類について教えてください。

届出には必要な設備等を整えるとともに、登記事項証明書や住民票などが必要です。

　住宅宿泊事業は、旅館業の許可とは異なり、届出となっています。許可は、法令で一般的に禁止されている行為について、行政の許可を得ることで禁止が解除されます（営業をしてもよくなります）。一方で、届出は、届出をする行為そのものにより、一定の行為を適法に行えます（営業をしてもよくなります）。

　このことから、厳密に言えば、届出をした後は、即日営業開始が可能になるはずですが、住宅宿泊事業法では都道府県知事より通知される「届出番号」を記した標識を掲げる義務があり、また、内容に虚偽があった場合の罰則などもあるため、実際には許可に近い運用になることが予想されています。

　これらをふまえて住宅宿泊事業届出の流れを説明していきます。

① **事前相談**

　前述した虚偽の届出を予防する目的だけでなく、成立間もない新法であることもあり、自身が行いたい事業が住宅宿泊事業法の定める要件をクリアできるのか、営業開始前、開始後にどのような点に注意すればよいのかなどをしっかり届出窓口に相談しておく必要があります。特に住宅宿泊事業法は、条例の内容が地域の実状に応じて異なって規制されている側面が強く、届出窓口に詳細を確認しておく方が安心です。

第3章 ● 住宅宿泊事業法のしくみ　139

住宅宿泊事業の届出は都道府県知事に行いますが、実際の窓口は事業を行いたい所在地を所管する保健所や保健センター（またはこれらの機関より委託を受けた指定機関）となっています。

② **要件の確認と工事**

法律、施行規則、省令、ガイドライン、条例を前提に事前相談で明らかになった諸要件をクリアするように体制構築や工事、その他の準備を行います。

体制構築面では、「宿泊名簿を備え付ける方法（帳簿か、電磁的記録による方法）」「外国宿泊者に対する快適性と利便性の確保」として外国語による設備使用方法説明書、交通手段の説明書、災害時の連絡先案内などを備えます。また、周辺地域の生活環境への悪影響の防止対策として、ハウスルールの整備や、苦情対応を実現する人的な体制構築が必要です。

工事が必要となる可能性のあるものとしては、台所、浴室、便所、洗面設備の確保、非常用照明や火災報知設備などの消防設備の設置、準耐火構造壁による防火の区画（家主非同居型で宿泊室床面積50㎡を超え複数グループを泊める場合）などがあります。

③ **安全確保措置状況のチェックと周辺住民等への事前周知**

都道府県によっては、この段階で届出住宅が建築基準法や消防法に基づいて火災やその他の災害が発生した場合の宿泊者安全確保を図るために必要な措置がなされているか、近隣住民に対して、必要な項目を事前周知することなどが求められます。

④ **消防検査と適合通知書の交付**

家主非同居型で宿泊室床面積50㎡を超える場合は、非常用照明や火災報知設備などの消防設備の設置と避難経路の表示、準耐火構造壁による防火の区画などが必要になります。これらの措置を講じた後、所管の消防署の検査を経て、消防法令適合通知書の交付を受ける必要があります。床面積50㎡未満でも検査を経て消防

法令適合通知書の交付は受ける必要があります。

⑤ **必要書類の収集**

届出書類に添付する必要がある「図面」「貸主の使用承諾書（届出住宅が賃貸借物件の場合など）」「規約の写し（届出住宅が分譲住宅の場合）」「不動産の登記事項証明書」「法人の登記事項証明書（法人の場合）」「住民票」「登記されていないことの証明書」「身分証明書」「管理受託契約書（住宅宿泊管理業者に管理を委託をする場合）」などを集めておく必要があります。なお、都道府県によって書類の省略や追加の書類など異なる場合がありますので、詳しくは所管の届出窓口に確認する必要があります。

⑥ **届出書の作成と提出**

届出書などを作成し、添付書類を添えて届出住宅を所管する届出窓口へ提出します。

⑦ **通知書の受領と営業開始**

都道府県知事より届出番号が記載された通知書が発行されますので、法律で定められた標識を掲示し、営業を開始します。

都道府県ごとに異なりますが、概ね7日〜14日程度で通知書が発行されています。

■ **住宅宿泊事業届出の流れ**

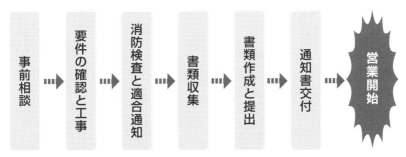

第3章 ● 住宅宿泊事業法のしくみ 141

登記されていないことの証明、身分証明書とはどのようなものなのでしょうか。

判断能力を有することや破産者でないことを証明する書類です。

「登記されていないことの証明」の「登記」とは、成年後見登記のことをいいます。成年後見とは、認知症など、判断能力が十分ではなくなった人や知的障害のある者が、家庭裁判所から宣告を受けて「成年後見人」や「保佐人」「補助人」と呼ばれる支援者を付けます。そしてこれらの手続きをする際に、それら支援者が付いていることや支援の範囲（与えられた権限）についてコンピュータ・システムによって法務局に登記（記録）されているものを成年後見登記といいます。

つまり「登記されていないことの証明書」とは、自身が成年被後見人（認知症などの理由で判断能力の不十分な者）等として家庭裁判所から宣告を受けていないことを証明する書類です。

身分証明書は、成年後見制度が創設される前（平成12年3月31日以前）に禁治産者（現在の成年被後見人）、準禁治産者（現在の被保佐人）については、その内容が本人の戸籍に記載されていた事情があり、それらに関する証明書です。

「登記されていないことの証明書」があれば、必要ないようにも思われますが、平成12年3月31日以前の期間の証明だけにとどまらず、破産者でないことについても「身分証明書」で証明できるために、多くの許可や届出では両方の書類が必要になります。

日本在住の外国籍です。添付書類の「身分証明」の代わりは何が必要ですか。

本国の類似制度による証明か、公証制度を活用することになります。

　外国籍の人が判断能力を有することや、破産していないことを証明する場合、日本国籍をもつ者のような身分証明書を取得することができません。その場合は、まず、その者が国籍を有する国に同様の証明制度があるか否かを確認し、同様の制度がある場合は、その証明書を取得し、翻訳を添えて提出します。同様の制度がない国の場合は、国籍を有する国に公証制度がある場合は、その国の公証を受けた書類を作成してもらい提出する必要があります。

　さらに、その国の公証制度がない場合や、その国の公証制度を利用することが現実的に厳しい場合は、日本の公証役場で「宣誓認証」を得る必要があります。

　この場合の「宣誓認証」の手順としては、「宣誓供述書」という文書を本人が作成し、その中に成年被後見人や被保佐人に該当しない旨、破産者で復権（失われた権利の回復）を得ていない者でない旨を記述した上で、署名押印します。

　「宣誓供述書」に対して、公証人が認証文を添付し「宣誓認証」を受けることができます。この内容は公証役場で保管されますが、公証役場が内容を証明するものではなく、身分証明書と比較すると、証明書としての担保価値は弱いといえます。

第3章 ● 住宅宿泊事業法のしくみ　143

書式　宣誓供述書

宣誓供述書

　私、現住所を東京都文京区〇〇1丁目1番1号に有する楊 威利（1991年4月4日生）は、ここに宣言いたします。

　私は、日本においても、母国の中国においても、成年被後見人及び被保佐人並びに破産手続開始の決定を受けて、複権を得ていない者並びにこれらに相当する者のいずれにも該当しないことをここに良心にしたがって真実であることを厳粛に宣言し、供述いたします。

2018年6月15日

楊　威利　㊞

　2018年6月15日本職の面前にて宣誓を行った楊 威利は、同人が東京都文京区〇〇1丁目1番1号に住所を有すること、成年被後見人及び被保佐人並びに破産手続開始の決定を受けていない者であることに基づき、本書に署名を行ったことを供述した。

2018年6月15日
〇〇〇〇公証人
喜久田 真実　㊞

住宅宿泊事業の届出を連名で行うことができると聞いたのですが、本当でしょうか。

同居の親族などを連名で届出することも可能です。この場合、連名届出者のいずれかが住宅にいれば、不在とはなりません。

　住宅宿泊事業者が届出住宅を自己管理するために、家主同居型で届け出た場合、住宅に人を宿泊させる間、届出者が不在（1～2時間程度の一時的な不在は可能です）となることが認められません。

　これは、住宅宿泊事業者と同居する親族が届出住宅にいたとしても、住宅宿泊事業者自身がいない場合は、不在とされることになります。

　ただし、届出住宅の共同所有者や、同居の親族が連名で届出することも可能なため、連名で届出をしている場合は、届出者のいずれかが住宅内に居れば不在とはみなされなくなります。

　なお、連名で届け出る場合は、通常の届出様式では全員分の詳細を記載することができないため、連名届出者用の届出様式が国土交通省のホームページに掲載されています。

　この際、届出者欄には、届出者全員の捺印が必要です。

　具体的な記載方法としては、第一面の「商号、名称又は氏名、住所及び連絡先」「代表者又は個人に関する事項」に、連名届出者のうち1名を記載し、その他の連名届出者については、それぞれの連名届出者についての別紙を作成し、届出書に添付して届出をすることになります。

住宅宿泊事業は「住宅」で営業できるはずが消防署では「旅館だ」と言われました。なぜでしょうか。

消防の観点からは、不特定多数の人間が出入りすることが想定される宿泊事業に変わりないからです。

　住宅宿泊事業法の特徴として、建物の用途が「住宅」のまま、宿泊事業を行うことが認められるというものがあります。
　しかし、この場合の建物の用途とは、あくまで建築基準法上の用途にすぎず、消防法上は、旅館やホテルと同様の「消防法施行令別表第1(5)項イに掲げる防火対象物（205ページ）」として扱われています。
　これは、住宅宿泊事業法や建築基準法において、建物がどのような扱いを受けたとしても、不特定多数の人間が出入りすることが想定される宿泊事業は、消防（地震などの災害予防なども含む）の観点からは、旅館やホテルなどと、リスクは変わらないという判断がなされたからです。
　ただし、リスクの観点から考えられているため、宿泊者がいる間、原則として管理者が傍にいる家主同居型の場合は、通常の住宅と同様に取り扱うとされています（宿泊室の床面積が50㎡以下の場合に限る）。
　このように消防法上では、運営形態や、届出住宅の規模をふまえて、宿泊者の安全にどのような影響があるかをふまえた上で、消防設備や防火体制などの規制を受けるようになっています。

住宅宿泊事業の届出にはどんな書類が必要になるのでしょうか。自治体ごとに違いがあるのでしょうか。

届出者や住宅に関するものが中心で、これらはすべての自治体で共通します。

住宅宿泊事業の届出には以下の書類の提出が必要です。ただし、都道府県によっては別途、書類の提出を要求されることがありますので、所管の保健所などに確認することが大切です。

① 住宅宿泊事業届出書　第一号様式（第一面〜第五面）
② 不動産登記事項証明書
③ 住宅の図面
④ 転貸等の承諾書（賃貸物件の場合）
⑤ 規約の写し（分譲住宅等の場合）
⑥ 管理組合の確認書（分譲住宅等で規約に民泊の定めがない場合）
⑦ 法人登記事項証明書（法人のみ）
⑧ 定款（法人のみ）
⑨ 登記されていないことの証明書（申請者の分や、法人は役員全員分）
⑩ 身分証明書（申請者の分や法人は役員全員分）
⑪ 管理受託契約の締結時の書面（住宅宿泊管理業者に委託をする場合）
⑫ 誓約書
⑬ 入居者の募集が行われていることを証する書類等（生活の本拠として使用していることが証明できないとき）

第3章 ● 住宅宿泊事業法のしくみ　147

●都道府県ごとの規制の違い

住宅宿泊事業法18条では、民泊による騒音など、生活環境の悪化を防止するため必要があるときは、合理的に必要と認められる限度において都道府県ごとに条例を定めて、住宅宿泊事業の営業に対する期間制限をすることができるとされています。

たとえば、かなり早い時期から条例の検討に入っていた北海道では、住居専用地域は土日・祝日の約60日以内、学校周辺は学校が休みの日のみの年間約110日など区域ごとに法律よりも短い期間に規制をかけています。その他、京都市では、住居専用地域は営業可能日を1月正午から3月正午までの60日間に限定しています。

このため、住居専用地域でも180日営業するためには京都市独自の添付書類が必要になります。

都道府県ごとの条例では、住宅宿泊事業が想定する営業日数180日に対する規制が注目されがちですが、実際に事業の届出を行う際に必要となる添付書類などに関する都道府県ごとの違いも多くあります。先ほどの京都市の例では、住宅宿泊事業法で予定されていた条例による営業期間の制限にとどまらず、法の趣旨目的から認められる範囲として事業届出に関する追加の義務を定めています。これによれば、京都市内における住宅宿泊事業者は、営業開始時（届出前）の段階で、近隣住民に事業計画の事前説明をすることが義務付けられます。このことから届出の添付書類には義務を果たしたことを証する書面（議事録など）を求められることになります。これはたとえば、東京都の新宿区などでも同様の添付書類が必要です。

その他、家主非同居型による住宅宿泊管理業者の選定にあたっては届出住宅から10分以内に駆け付けられる範囲に駐在していること（ただし、再委託先でも可）も義務付けられますので、条件に合った管理業者であることを示す添付書類なども必要になります。

住宅宿泊管理業登録の流れについて教えてください。

必要書類などを地方整備局等に提出し、登録番号が通知されると営業を開始できます。

　住宅宿泊管理業は、住宅宿泊事業の届出と異なり登録制となっています。届出は、届出をする行為そのもので、一定の行為を適法に行えるものですが、登録は届出のように提出そのものでは効果は発生せず、その内容を行政が帳簿に記載することで効果が発生します。

　少し許可に近いイメージを持つかもしれませんが、行政は帳簿への記載を拒否するなどの裁量が認められないため、許可よりは緩やかな手続きです。一方で届出よりは厳しいともいえますので、住宅宿泊事業法は、住宅宿泊事業者よりも住宅宿泊管理業者の方をより注視していることがわかります。

　住宅宿泊管理業登録の流れは以下のとおりです。

① 事前相談

　成立間もない新法であることもあり、また宅地建物取引業など一定の要件または実務経験が前提となっているため、自身が住宅宿泊事業法の定める要件をクリアできるのか、営業開始前、開始後にどのような点に注意すればよいのかなどをしっかり登録窓口に相談しておく必要があります。

　住宅宿泊管理業の登録は国土交通大臣に行うものとされていますが、実際の窓口は事業を行う営業所を所管する地方整備局等

（これらの機関より委託を受けた指定機関）となっています。

② **必要書類の収集**

　登録申請書に添付する必要がある「法人の登記事項証明書（法人の場合）」「定款（法人の場合）」「納税証明書」「登記されていないことの証明書」「身分証明書」「住民票」などを集めておく必要があります。中でも、住宅宿泊管理業では、管理業務の執行が法令に適合すること（133ページ）を証明する書類として実務経験（法人の場合は事業経験）を証する書面や各資格証の写しも必要になりますし、管理業務を適切に実施するための必要な体制（133ページ）を証する書類として人員体制説明書類や、ICTなどを用いた遠隔管理を実現する機器の仕様書などの添付も必要になりますので事前に準備しておく必要があります。

　都道府県によって書類の省略や追加の書類などが異なる場合もありますので、詳しくは所管の登録窓口に確認しましょう。

③ **登録申請書と添付書類の提出**

　事前相談で登録申請書や添付書類の作成が可能となり、その他の必要書類の収集もできれば、所管の地方整備局等に登録申請書や添付書類を提出します。

　登録申請手数料は新規の場合90,000円（更新の場合は19,700円）で登録免許税の納付の形で支払います（更新の場合は収入印紙等）。

④ **登録申請書の審査**

　登録は行政に裁量権はありませんが、登録申請書の記載事項に不備がないか、不足している添付書類はないかなどの確認がなされます。また、必要に応じて指導などもなされます。

⑤ **登録番号の発行と営業開始**

　帳簿に内容が記載され、申請した事業者に対して登録番号の通知がなされます。登録番号を確認した申請者は、営業を開始することができます。

住宅宿泊管理業の登録にはどんな書類が必要になるのでしょうか。

申請書の他にも財産など事業者の実態を把握するのに必要な書類の提出が必要です。

　住宅宿泊管理業の登録には以下の書類の提出が必要です（宅地建物取引業者など一部書類が免除されます）。ただし、都道府県によっては別途、書類の提出を要求されることがありますので、所管の地方整備局などに確認することが大切です。

① 住宅宿泊管理業者登録申請書　第一号様式（第一面～第六面）
② 略歴書　第二号様式
③ 添付書類　第三号様式（第一面～第二面）
④ 誓約書　第四号様式（法人の場合）
⑤ 財産に関する調書　第五号様式（個人の場合）
⑥ 誓約書　第六号様式（個人の場合）
⑦ 法人登記事項証明書（法人の場合）
⑧ 定款の写し（法人の場合）
⑨ 納税証明書
⑩ 登記されていないことの証明書
⑪ 身分証明書
⑫ 損益計算書、貸借対照表（法人の場合で直近年度のもの）
⑬ 住民票（個人の場合）
⑭ 管理業務の執行が法令に適合することを証明する書類
⑮ 管理業務を適切に実施するための必要な体制を証する書類

住宅宿泊管理契約書について教えてください。

住宅宿泊管理業者が受託する管理業務の具体的な内容や管理方法などが記載されています。

　住宅宿泊契約書は、国土交通省より「住宅宿泊管理標準契約書（案）」としてひな形が公表されています（住宅宿泊管理業者が住宅宿泊事業者から住宅宿泊管理業務を受託する場合の管理受託契約書です）。管理業者は、管理業務の受託契約を締結したときは、委託者に対し、遅滞なく、「管理業務の実施方法」や「契約期間」「報酬」などを記載した書面を交付しなければなりません。

　標準契約書では、住宅宿泊事業法により住宅宿泊事業者や住宅宿泊管理業者に義務付けられた行為を実現できるようにモデルが記載されていますので、大変参考になります。ただし、住宅宿泊管理に関する委託契約の内容は、地域特性や、物件の構造、事業に関わる業者の態様等によって契約内容が異なることに留意して、あくまで参考として活用してください。

●**住宅宿泊管理標準契約書のポイント**

　国土交通省推奨の「住宅宿泊管理標準契約書」を活用するには、以下のようなポイントがあります。

① 　住宅宿泊管理業者は、管理業務の受託契約時に一定事項の説明や書面交付義務がありますが、本契約書には、この必要事項も含まれるため、いずれの義務もクリアできます。

② 　契約書には「対面」か「非対面」を記載します。非対面の場

合は、具体的な本人確認方法を追記するなど工夫が必要です。たとえば、テレビ電話やタブレット端末などによるICTを用いた方法（46ページ）などです。
③　必ずゲストへの説明方法について記載します。たとえば、必要な事項が記載された書面を居室に備え付ける、タブレット端末での表示により、宿泊者が施設（住宅）に宿泊している間に確認できるようにするなどです。「〇か国語」などの指定があってもよいでしょう。
④　届出住宅の日常清掃業務の記載や、施設（住宅）より生ずるゴミの回収に関連して「廃棄物収集運搬業許可取得業者」について、しっかりと許可番号も記載する方が、後々のトラブルを防げると考えられます。

■ **管理受託契約の流れ**

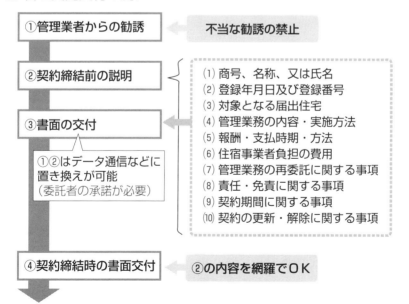

第3章　住宅宿泊事業法のしくみ　153

民泊制度運営システムについて教えてください。

施設の営業状況や宿泊客数の他、仲介サイトに関する情報などを把握できます。

　住宅宿泊事業（民泊）に関わる者や国にとって最大の関心事は、「どこで事業が行われているのか」「何日営業したのか」「何人宿泊したのか」です。違法営業の場合はもちろん、旅館業法上の許可を取得している場合であっても、従来の制度では、これらを国が把握することは不可能でした。これらを解決するために始まったのが住宅宿泊事業法であり、旅館業法では対象外であった民泊仲介サイトや、民泊管理代行業者なども規制の対象とすることになりました。

　しかし、対象の事業者を監督する機関が都道府県知事、国土交通大臣、観光庁長官と異なっているため、住宅宿泊事業法が施行されても、それぞれの関連性を把握することは困難であることから、住宅宿泊事業法は全国共通の管理・運営システム（民泊制度運営システム）を用いることになっています。

　これにより、事業者にとっては、届出や登録、報告などをインターネットから行うことができ、行政もそれぞれの施設がどこにあり、何日営業しているのか、何人宿泊しているのか、どの施設とどの管理業者が契約しているか、どの施設がどの仲介サイトで顧客を得ているかなどを的確に把握できることになります。

手続きをどのようにシステム上で行えばよいのでしょうか。

書類の作成から送信までの手続きをネット上で行うことが可能になっています。

　民泊制度運営システムでは、事業者による届出書・登録申請書の作成・送信から行政担当者による届出書・登録申請書の確認・受理まですべてネット上で行うことができます。
　この住宅宿泊事業者届出や住宅宿泊管理業者登録申請は、すべての書類の作成と送信をネット上で行う「電子届出・登録」と、基礎的な内容の送信をネット上で行い、添付書類などを郵送や持参により提出する「電子届出・登録（一部書類別送）」、必要な書類の作成をネット上で行い、届出や登録はすべて郵送や窓口で行う「書類作成のみ」の3種類があります。
① 電子届出・登録の流れ
　「電子届出・登録」の場合、まず、事業者がパソコン上で届出や登録の書類を作成し、送信を行います。行政担当者が届出や登録を確認し、内容に不備がなければ、受理の通知を事業者に行うことで完了します。ただし、行政担当者が届出や登録を確認した際に不備があれば、届出や登録の修正の連絡をした上で、事業者より修正した書類等の送信を行います。
　なお、住宅宿泊管理業者に比べて、住宅宿泊事業は一般個人の届出が中心となることが予想されているため、電子署名の利用を原則とすると、実現性に乏しくなる可能性が指摘されています。

第3章 ● 住宅宿泊事業法のしくみ

② 電子届出・登録（一部書類別送）の流れ

①同様、まず事業者がパソコン上で書類を作成し、送信を行いますが、添付書類などは郵送や持参による方法で提出します。行政担当者が届出や登録の書類と添付書類を確認し、届出や登録の書類や添付書類の内容に不備がなければ、受理の通知を事業者に行うことで完了します。内容に不備がある場合の流れは①と同様です。なお、実務上、多くの都道府県では、住宅宿泊事業法により必要とされる添付書類以外に、都道府県独自の条例により、追加でさまざまな添付書類を求めることになっていますので、添付書類のアップロード上限数との兼ね合いにより、①ではなく、②一部書類別送や、以下③のような届出書類作成のみが推奨されているようです。

③ 届出書類作成のみ

「届出書類作成のみ」の場合、事業者がパソコン上で届出や登録の書類を作成するだけで届出送信を行わず、出力した上で窓口に提出します。

■ 民泊制度運営システムの概要

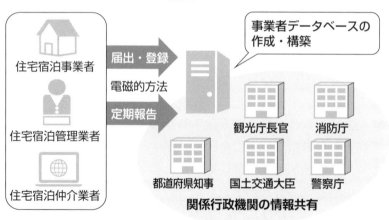

本人確認をどのようにシステム上で行えばよいのでしょうか。

電子署名・証明書を利用することで、認証手続きをオンラインで行うことができます。

　民泊制度運営システムによる、住宅宿泊事業の届出や住宅宿泊管理業者の登録は「電子署名利用」と「電子署名なし」という2種類が想定されています。
① **電子署名利用**
　電子署名・証明書を利用する方式で、添付書類なども電子化することになりますが、住宅宿泊事業者に比べると、住宅宿泊管理業者は知識や経験も豊富な企業の参入が前提となっているため、住宅宿泊事業の届出より、電子署名などの活用は多いと考えられますが、いずれにしても、電子署名の活用は高いハードルと考えられます。利用できる電子署名は公的個人認証サービスと商業登記認証です。また、登記情報提供サービスも利用可能です。
　はじめに事業者がIDとパスワードの発行を申請し、IDとパスワードに加えて電子署名・証明書を用いて届出や登録申請を電子申請します。この際、添付書類なども電子化して一緒に送信します。不備があれば、再申請が求められますが、不備がなければ、届出番号や登録番号が通知されます。民泊制度運営システムの最大の利点は、その後、手間になる定期報告をオンライン上で行える点にあります。
② **電子署名なし**

第3章 ● 住宅宿泊事業法のしくみ　157

①の電子署名利用方式とは異なり、届出書や申請書を印刷して窓口に直接したり、郵送する方式です。前述した「③届出書類作成のみ（156ページ）」は必ずこのパターンになります。

　はじめに事業者がIDとパスワードの発行を申請し、申請事項を入力して申請書類などを自動生成し、印刷した申請書に捺印等を行って窓口に提出しますが、事前にIDとパスワードを登録しているため、電子署名利用方式同様、事後の定期報告などはオンライン上のみで行うことができます。なお、住宅宿泊事業者には、都道府県知事に対して2か月ごとの定期報告により、「宿泊日数」「宿泊者数」「延べ宿泊者数」「国籍別の宿泊者数の内訳」などについて、民泊制度運営システムを利用して報告することが想定されています。そのため、少なくとも②電子署名なしにおけるIDとパスワード取得は必須といえます。

■ 民泊制度運営システムによる届出イメージ

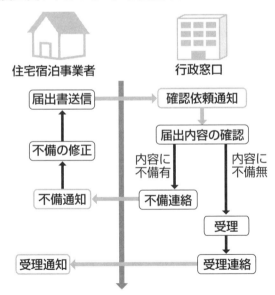

民泊制度運営システムに必要な電子署名とはどんなものなのでしょうか。

公開鍵暗号方式という技術が用いられ、文書が本人の意思で作成されたと推定されます。

　オンラインによる届出や登録申請をする場合、「電子届出・登録」や「電子届出・登録（一部書類別送）」を行う際のデータはすべて、電子データです。この場合、行政担当者が事業者の本人確認をすることが難しく、証拠となりうる送信データなどが、改ざんされやすいという問題があります。この際の本人確認について、技術の進歩によってある程度の対応がなされたのが「電子署名・認証制度」です。
　電子署名がなされた電子文書は、本人が自分の意思で作成したものと推定され、仮に裁判になっても、有効な証拠とされます。
　現在のところ、電子署名には、公開鍵暗号方式と呼ばれる技術が広く使われ、秘密鍵と公開鍵という2つのデータを使います。この2つのデータは、印鑑登録制度と似たしくみで、それぞれ印鑑と印影のような役割を果たします。電子署名が本人のものかどうかの確認は、電子認証という電子証明書の発行によって行います。
　電子証明書は認証機関（国の認定を受けた民間企業が運営するものなどがあります）が本人の確認をするので、通信の相手方は本人の署名を本物であると信用することができるようになっています。認証機関に電子証明書を発行してもらうには、事前に本人が身元を証明できる資料と共に認証機関に手続をする必要があります。

第3章 ● 住宅宿泊事業法のしくみ　159

事業開始後に住宅宿泊事業者にはどのような責務があるのでしょうか。

標識を掲げるとともに、ゲストへの対応の他、周辺住民への配慮などが義務付けられます。

住宅宿泊事業の届出を終えると、法律上、住宅宿泊事業者として以下のような義務が発生します。

① 標識の掲示義務

住宅宿泊事業者は、届出住宅ごとに、公衆の見やすい場所に、指定の標識（129ページ）を掲げなければなりません。標識の掲示に当たっては、ラミネート加工等の風雨に耐性のあるもので作成・加工を施すことが望ましいとされています。なお、マンションなどの共同住宅では、標識の一部分を、集合ポスト等の掲示が可能なスペースに合わせて掲示します。

② ゲストに対する義務

ゲストに対する主な義務は「衛生の確保」「宿泊者名簿の備え付け」になります。また、ゲストが外国人の場合は、外国語による外国人観光客に対する宿泊時の快適性や利便性の配慮が必要になります。以下、それぞれ詳細を説明します。

・衛生の確保

住宅宿泊事業者は、営業する民泊の定期的な清掃や換気を行うことが義務付けられています。具体的には、設備や備品等を清潔に保ち、ダニやカビなどが発生しないよう除湿を心がけ、定期的に清掃、換気等を行うなどです。

また、寝具のシーツ、カバー等直接人に接触するものについては、宿泊者が入れ替わるごとに洗濯したものと取り替えなければなりません。浴室についても、追い炊き機能や加湿器を備え付けている場合は、レジオネラ症を予防するため、宿泊者が入れ替わるごとに浴槽の湯を抜くことや、加湿器の水を抜かなければなりません。

・宿泊名簿の備え付け

　ゲストが宿泊するごとに、氏名、住所、職業、宿泊日、国・旅券番号（外国人の場合）を記録し、宿泊名簿として３年間保存しなければなりません。よくある失敗として、グループで宿泊される場合の代表者のみの記載でよいと思ってしまう例があります。

　予約は代表者が行っていてもチェックイン時には宿泊者全員の記録が必要です。

　なお、民泊仲介サイトなどであらかじめ、上記の記録がなされ、ファイルや磁気ディスク等で記録し、プリントアウトがいつでもできる状態であれば問題ありません。その際、チェックインもきちんと宿泊施設からの配信であることが確認でき、ゲストの顔や旅券が画像により鮮明に確認できるのであれば、届け出た民泊に備え付けたテレビ電話やタブレット端末などで行うことも認められています。

・外国人観光旅客である宿泊者の快適性と利便性の確保

　住宅宿泊事業者は、ゲストが外国人の場合、設備の使用方法、移動のための交通手段、火災、地震その他の災害が発生した場合における通報連絡先に関する案内などにつき、外国語を用いて行わなければなりません。これは努力義務（違反しても罰が課されない義務）ではなく、明確な義務とされていることに注意が必要です。

③　営業所の周辺住民に対する義務

　民泊は、その周辺住民に与える影響が大きいことから、住宅宿

泊事業者には、「迷惑行為等に関する説明」と「周辺住民からの苦情対応」という2つの義務があります。以下、それぞれ詳細を説明します。

・迷惑行為等に関する説明義務

　宿泊するゲストが外国人の場合、国ごとに異なるしきたり、マナーなどの違いから、思わぬ事で周辺住民とのトラブルに発展します。そこで、チェックイン時の口頭説明や、施設への書面備え付けなどの方法で、「騒音防止に関すること」「ゴミの処理に関すること」「火災防止に関すること」などの説明義務があります。

　ただし、地域ごとに事情は異なることから、営業開始前にしっかりと意見聴取した上で、営業場所に応じた追加の説明内容を加えていく必要があります。たとえば「民泊内での性風俗サービス利用禁止」や「卸売市場関係者が多く住むため、夜8時以降は静かに」などがあります。

・周辺住民からの苦情対応

　上記の迷惑行為にも関連しますが、民泊では、事業者が予期しないことで周辺住民から深夜の苦情が寄せられることが多くあります。「ゲストが酔っ払って騒いでいる」「開錠ナンバーを忘れたみたいでドアをたたいている」「施設がわからなくなり、周辺に助けを求めている」など、緊急事態に管理者の連絡が取れないようでは、話になりません。そこで「深夜早朝を問わず、常時、応対や電話対応できる」「緊急時、必要に応じて、警察署、消防署、医療機関等の然るべき機関に連絡した後、自らも現場に急行できる」などの体制構築が必須となります。

　また、滞在中のゲストの行為により苦情が発生し、当該ゲストに対して注意等を行っても改善がなされないような場合には、現場に急行して退室を求めるなど、必要な対応を講じる必要があります。

住宅宿泊事業の届出後の義務について教えてください。

定期的な報告をはじめ、名称など一定事項に変更があれば、変更後30日以内に都道府県知事への届出が必要です。

　住宅宿泊事業者は、「届出住宅に人を宿泊させた日数」「宿泊者数」「延べ宿泊者数」「国籍別の宿泊者数の内訳」について定期的に都道府県知事に報告しなければならないものとされています。

　定期的というのは、毎年2月、4月、6月、8月、10月、12月の15日までに、それぞれの月の前2か月分を報告するとされています。この報告が行われない際には、都道府県知事より督促や現場の確認等がなされ、事業の実態がないことが確認された場合、事業が廃止されたものとみなされます。

　このことから、管理業務を住宅宿泊管理業者に委託している場合は、正確な報告を行うため、住宅宿泊事業者と住宅宿泊管理業者が締結する管理受託契約の事業内容に「定期的な情報提供」を盛り込んでおく必要があります。

　その他、「① 商号・名称、氏名、住所」「② 法人の場合の役員（代表者を含む）」「③ 未成年者の場合の法定代理人」「④ 営業所や事務所（名称や所在地）」「⑤ 住宅宿泊管理業者の場合の登録番号」「⑥ 届出住宅の詳細」に変更があったときは30日以内に、「委託している住宅宿泊管理業者」を変更するときは、事前に都道府県知事に対して届け出なければならないものとされています。

第3章 ● 住宅宿泊事業法のしくみ　163

住宅宿泊事業者に課される行政指導や処分について教えてください。

住宅宿泊事業者の義務違反に対して業務改善命令や業務停止命令などが行われます。

　住宅宿泊事業者が定期報告をしていない場合、30万円の罰金とされています。報告以外にも、都道府県知事より、「①業務改善命令」として、住宅宿泊事業者に対して業務の方法の変更や業務の運営の改善に必要な措置をとることが命じられることがあります。その他、「②報告徴収・立入検査」として、都道府県知事より、業務に関して報告を求めたり、施設に立ち入って業務の状況や設備、帳簿書類等を検査したり、関係者に質問されることがあります。

　住宅宿泊事業者に明確な法令違反があったり、①の業務改善命令に違反した場合、都道府県知事は1年以内の期間を定めて、営業の全部または一部の停止を「③業務停止命令」として命ずることがあります。

　さらに、都道県知事は、①の業務改善命令や③の業務停止命令でも、監督の目的が達成できないと判断された場合、「④業務停止命令」として、事業の廃止も命じることができます。

　住宅宿泊事業者が②の報告をしなかった場合や変更届出を怠った場合は30万円の罰金、③の業務停止命令や④の業務廃止命令に従わない場合は、6か月以下の懲役か100万円以下の罰金（併科もあります）に処されます。このように、旅館業法に比べて、住宅宿泊事業に対する行政処分や処分は大変厳しいものとなっています。

住宅宿泊管理業者にはどのような義務があるのでしょうか。

管理業務に関する虚偽表示の禁止、管理受託契約など書面の交付義務などを負います。

　住宅宿泊管理業の登録をすると、法律上、住宅管理業者として以下のような義務が発生します。
① **禁止事項**
　住宅宿泊管理業者は、その名称を他人に名義貸しすることや、「管理に係る責任、報酬額、契約解除」について、事実に相違する表示をしたり、実際より著しく優良・有利であると人を誤認させるような誇大広告をすること、不当な勧誘などをする行為なども禁止されています（135ページ）。その他、住宅宿泊管理業務のすべてを第三者に再委託することも許されません（ただし、掃除やゴミ回収など、一部の事実行為を再委託することは認められています）。
② **契約に関する義務**
　住宅宿泊管理業者は、管理受託契約の締結の際に管理受託契約の内容やその履行に関する事項について書面を交付して説明する義務を負います（136ページ）。
③ **住宅宿泊管理業務の遂行に関するもの**
　住宅宿泊管理業務の受託をした場合、本来、住宅宿泊事業者に義務化されていた「宿泊者の衛生確保と安全確保」「宿泊名簿の備え付け」「周辺住民に対する義務」「外国人ゲストに対する快適性・利便性の確保」のすべての義務（128ページ）が当該受託管

理業者にも課されます。また、住宅宿泊管理業務を実施する際は、その業務を従事する者に住宅宿泊管理業者の従業者である証明書を携帯させなければなりません。その他、住宅宿泊事業者に対して管理業務の実施状況や管理する住宅の維持保全の状況、周辺住民の苦情発生状況を報告する義務があります。

④　標識の掲示

　住宅宿泊管理業者は、営業者や事務所に住宅宿泊管理業者登録票を掲示しなければなりません。

●住宅宿泊管理業者は更新義務がある

　住宅宿泊事業者の届出と異なり、登録制である住宅宿泊管理業者は、5年ごとにその更新を受けなければ、その期間の経過によって、その効力を失ってしまいます。更新の手続きができるのは、現に受けている登録の有効期間の満了の日の90日前から30日前までの間とされています。この際の更新料は、19,700円（電子申請の場合は19,100円）です。

●変更事項に関する届出義務

　住宅宿泊管理業者は、以下の①から⑤の事項に変更に変更があったときは、変更のあった時から30日以内に国土交通大臣に対して届け出なければならないものとされています。

①　商号・名称、氏名、住所

②　法人の場合の役員（代表者を含む）

③　未成年者の場合の法定代理人

④　営業所や事務所（名称や所在地）

⑤　すでに有している免許や登録がある場合、免許番号や登録番号

　なお、管理業を一時的に休業する場合などは、廃業届を提出する必要はないものとされていますが、1年以上業務を行っていないと国土交通省が判断するような場合には、登録取消しの対象となりますので注意が必要です。

166

住宅宿泊管理業の実務経験は具体的にどのようなものがありますか。

住宅の取引や管理に関して契約実務を伴う業務に従事していた経験となります。

　住宅宿泊管理業の登録要件には「管理受託契約の締結に係る業務の執行が法令に適合することを確保するための必要な体制」として、個人の場合は「宅地建物取引士」「（マンション）管理業務主任者」「賃貸不動産経営管理士」の有資格者であること、法人の場合は「宅地建物取引業」「マンション管理業」「賃貸住宅管理業者」などの登録をしていることが定められています。

　仮にこれらの資格や登録の要件を満たさない場合でも、「住宅の取引又は管理に関する2年以上の実務経験（法人の場合は事業経歴）」があれば上記の資格や登録をしていない場合でも「管理受託契約の締結に係る業務の執行が法令に適合することを確保するための必要な体制」が整っているとみなされます。

　この「住宅の取引又は管理に関する2年以上の実務経験」の「住宅の取引・管理」とは、どのようなものが該当するかですが、これは単純に不動産を管理する会社等の勤務実績ではなく「契約実務を伴う業務」に2年以上従事している必要があります。

　たとえば、顧客への説明、物件の調査等は契約実務を伴う業務に含まれる余地がありますが、受付、秘書、総務、人事、経理、財務といった一般管理業務や、その他の補助的な事務は、実務経験として含まれません。

第3章 ● 住宅宿泊事業法のしくみ　167

住宅宿泊管理業の要件である「財産的基礎」の証明方法を教えてください。

大きく分けると「負債の合計額が資産の合計額を超えないこと」と「支払不能に陥っていないこと」の2つがあります。

　住宅宿泊管理業は、住宅宿泊事業者から委託を受けて他者の生活や人命に関わる事業ともいえるため、金銭的に不安定でいつ倒産をしてしまうかわからない者が営業をすることを認めるわけにはいきません。
　そこで、住宅宿泊管理業登録の要件に掲げられている「財産的基礎」の要件にはいくつかの基準があります。
　大きく分けると「負債の合計額が資産の合計額を超えないこと」と「支払不能に陥っていないこと」の2つがあり、「負債の合計額が資産の合計額を超えないこと」というのは、言いかえれば資産をすべて売却しても、借金などの負債を返済しきれない状態のことをいい、個人事業主の場合でも、法人の場合でも、貸借対照表を見れば簡単にわかります。
　次に「支払不能に陥っていないこと」は、管理業の登録をしようとする者が借金などについて、支払能力の欠乏のために返済期日が到来しているにもかかわらず、継続的に返済できていない客観的状態のことをいいます。なお、「支払能力の欠乏」とは、財産、能力、信用、あるいは労務による収入のいずれをとっても借金を支払う能力がないことをいいます。

ICTを用いてタブレット端末などによるチェックインや宿泊者との連絡、苦情対応などを行う体制をいいます。

　住宅宿泊管理業務を適切に実施するために必要な体制は、本来住宅宿泊事業者に義務付けられている「外国人観光旅客への快適性・利便性の確保」「宿泊者名簿の正確な記載を確保するための措置」「周辺住民への悪影響の防止に関する説明」「周辺住民からの苦情・問い合わせへの応答」などに関わる体制の構築を意味します。

　時流的に想定されているのは、ICT（情報技術に通信コミュニケーションのメリットを付加した技術）などを用いるもので、たとえば、テレビ電話やタブレット端末などによって遠隔でチェックインなどの業務を行う方法などがあります。

　それ以外にも宿泊者が滞在中に、宿泊者との連絡の必要が生じた場合に速やかで確実に連絡がとれる機能を備えた機器の設置なども必要です。

　なお、旅館業法の許可を受けた事業者が、玄関帳場を設けている場合などは、常時、宿泊者と連絡を取ることが可能な体制を有しているものとみなされます。ただし、ICTなどを用いて旅館業法の業務を行っている場合には、同様の具体的な方法を明らかにして住宅宿泊管理業の登録申請をしなければならないとされています。

住宅宿泊管理業者が定められた義務を適切に履行しなかったり、適正な運営がなされていないときはどうしたらよいのでしょうか。

業務改善命令や、場合によっては登録抹消などの行政指導や処分が行われます。

　住宅宿泊管理業者が定められた義務を適切に履行していると認められない場合や、住宅宿泊事業法の目的から見て適正な運営がなされていないときなどは、下図のような行政指導や処分が国土交通大臣よりなされます。

■ 行政指導や処分

① 業務改善命令	国土交通大臣より、住宅宿泊管理業者に対して業務の方法の変更や業務の運営の改善に必要な措置をとることを命じます。
② 業務停止命令	住宅宿泊事業者に明確な法令違反があったり、①の業務改善命令に違反した場合、その他、破産などした場合、国土交通大臣は1年以内の期間を定めて、営業の全部または一部の停止を命ずることができます
③ 登録の抹消	国土交通大臣は、5年内に住宅宿泊管理業者より更新手続きがなされない場合や廃業等の届出があったとき、①の業務改善命令や②の業務停止命令でも、監督の目的が達成できないと判断された場合は、事業の登録抹消をする権限を有しています。その他、適正な運営を確保するため必要があるとき、国土交通大臣は、住宅宿泊管理業者に報告を求めたり、立入検査をすることができます。
④ 処罰	住宅宿泊管理業者が変更の届出を怠った場合や受託管理業務の遂行義務を怠った場合は、30万円以下の罰金、名義貸しをした場合、1年以下の懲役や100万円以下の罰金に処されます（併科も可）。また、②の命令に違反した場合、6か月以下の懲役や50万円以下の罰金に処されます（併科も可）。

第4章

旅館業法のしくみ

旅館業の種類と法改正の内容について教えてください。

旅館業の種類は3種類になり、玄関帳場などに関する大幅な規制緩和が行われました。

　旅館業とは、「宿泊料を受けて人を宿泊させる営業」と定義付けがなされており、①宿泊料を受けて、②人を宿泊させる、③営業行為を行う場合で住宅宿泊事業を行わないのであれば、旅館業の許可を取得する必要があります。

　すでに2018年6月15日に改正法が施行されますが、従来、旅館業法の許可区分は、次ページ表のように「ホテル営業（洋客室10室以上）」「旅館営業（和室5室以上）」「簡易宿所営業（客室を大人数で使用）」「下宿営業（1か月以上を単位とする）」の4類型とされていました。

　日本全体におけるこれらの施設の割合は長らく5割程度が旅館営業であり、3割程度が簡易宿所営業、2割程度がホテル営業となっていましたが、近年では簡易宿所の新規許可営業数が急増し、全体の4割を占める勢いとなっています。

　内訳としても従来の簡易宿所営業が、カプセルホテルやゲストハウスをはじめ、ドミトリー、コテージ、バンガロー等であったのに対して、ほとんどすべてが民泊である点も特徴的です。

　こういった背景をふまえて2017年12月成立の旅館業法改正により、以下のような旅館業法の許可区分見直しと構造・設備要件の緩和がなされました。

・ホテル営業と旅館営業が「旅館・ホテル営業」として統合

　従来は別区分であった「ホテル営業」と「旅館営業」の営業種別が一つの区分へと統合され、「旅館・ホテル営業」となりました。

　これに伴い、「客室の最低数」「寝具の種類（洋室・和室）」「客室の境（洋室は壁づくり、和室は板戸、襖等）」といった構造・設備要件も撤廃されました。

　規制改革会議の「旅館業規制の見直しに関する意見（2016年12月）」によれば、これらを撤廃することにより、これまで阻まれ

■ 改正前の旅館営業区分表 ……………………………………

	ホテル営業	旅館営業	簡易宿所営業	下宿営業
客室	10室以上（洋室を主体）	5室以上（和室を主体）	客室を大人数で使用（共用しない客室の延べ床面積は総客室面積の半分未満）※階層式寝台は2層で上下1m以上間隔	1か月以上の期間を単位として宿泊料を受ける形態
1客室の床面積（客室専用の浴室・便所・洗面所も含む）	洋式客室9㎡以上和式客室7㎡以上	洋式客室9㎡以上和式客室7㎡以上	3.3×（収容定員）㎡以上（10名以下の場合）	
定員	1名あたり3㎡を超える有効面積を確保	1名あたり3㎡を超える有効面積を確保	1名あたり1.5㎡を超える有効面積を確保	
フロント（玄関帳場）	宿泊者と面接できる3㎡以上の受付事務に適した広さのフロント等を設ける	宿泊者との面接に適した広さのフロント等を設ける	多くの都道府県では、左に準ずる	
浴室	洋式浴室又はシャワー室を用意	入浴設備を用意（近接に浴場等の入浴施設がない場合）	入浴設備を用意	
食事提供	ロビーか食堂を用意	飲食を提供しない場合、厨房なくても可	飲食を提供しない場合、厨房なくても可	

第4章 ● 旅館業法のしくみ　173

ていたホテル・旅館事業者の創意工夫や、外国人観光客を含む宿泊需要の拡大や宿泊ニーズの多様化に対応することが可能になるとされています。その他、採光・照明などの要件や、トイレ・風呂などの要件、床面積要件などについても、見直しが図られています。

・玄関帳場の規制について

「ホテル営業」や「旅館営業」はもちろん、多くの都道府県での簡易宿所において負担が大きい設備要件とされていた玄関帳場について、大きな規制緩和がなされることになりました。

具体的には、「受付台の長さが1.8m以上」等の要件は撤廃され、ICTの活用等によりセキュリティ面や本人確認の機能が代替できる場合は玄関帳場の設置が免除されるというものです（各都道府県の条例で帳場が必須のままの要件とされる可能性もあります）。ICTの活用は具体的には、コンビニなどにチェックインポイントを設け、そこで入手した電子鍵により玄関の鍵の開閉を行うスマートロックを活用することなどが挙げられます。

・無許可営業者等に対する規制の強化

これまでは、違法民泊（旅館営業の無許可営業）に対しては、旅館業法に定める「３万円の罰金」を科すという対処法しかなく、違法な民泊ビジネスの広がりを抑制する効果がありませんでした。

仮に要件の厳しい許可を前提とせずに、比較的取り組みやすい住宅宿泊事業の届出制度ができても、違法民泊のリスクが低いと判断されては届出はなされず、違法民泊はなくなりませんので、旅館業法の改正に伴い、無許可旅館営業者等に対する罰金の上限額を３万円から100万円に、その他旅館業法に違反した者に対する罰金の上限額を２万円から50万円に引き上げることになりました。

また、無許可旅館営業者に対する都道府県知事等による報告徴収や立入検査等の権限規定も追加されています。

法改正により玄関帳場が不要になったと聞いたのですが本当でしょうか。

不要ではありませんが、玄関帳場の設置基準が緩和されています。

　2018年より施行された改正旅館業法では、これまで義務化されていた玄関帳場の設置が緩和され、以下の２点を要件として玄関帳場に替えてICTを利用することが認められるというものです。
① 宿泊者の顔と旅券が画像により鮮明に確認できること
② 上記画像が宿泊施設からの発信と確認できること
　これらをふまえると、本人確認機能を有するビデオカメラなどで顔認証が実現できるのであれば、対面での受付は不要になると考えられています。言いかえると、鍵の受け渡しも必ずしも手渡しである必要がなく、スマートキー（スマートフォンアプリなどと連動し施錠・開錠するもの）などによることも想定されていることになります。なお、ICT設備を玄関帳場の代替として活用する場合は、宿泊者の緊急事態に対して10分程度で従業員などが駆け付けられる体制の整備が必要とされます。
　このように、改正旅館業法によって玄関帳場が不要になったとは言い切れませんが、設置基準が大きく緩和されました。ただし、簡易宿所においては、元々、収容人員10名未満の場合で上記のような代替措置を取る場合は、設置が不要とされていました。とはいえ自治体の条例で帳場要件の緩和が否定されているケースも多く見られますので、注意が必要です。

第4章 ● 旅館業法のしくみ　175

 法令に定められた設備基準について教えてください。

 構造基準と衛生基準について、法律や条例で定められた基準を満たす必要があります。

　旅館営業では、許可を受けようとする区分ごとに、一定の基準を満たしていなければなりません。旅館業を管轄するのは、保健所です。これは旅館業というものが、宿泊者の滞在期間中の生活の基礎となる空間を提供することや、たくさんの人が出入りするため、衛生管理を怠ると大きな事故につながることがあるからに他なりません。

　したがって、旅館業に対しては法令に定められた構造基準や衛生基準というものがあります。以下の内容は、各都道府県に共通して要求される簡易宿所の構造基準や衛生基準となっています。

　なお、多くが抽象的な表現であり、具体的な数値等の詳細は条例によるため、都道府県ごとにかなり異なります。

【簡易宿所の構造基準】
① 　客室の延床面積は、33㎡（宿泊者数10人未満の場合は、宿泊者1人につき3.3㎡）以上である必要があります。
② 　階層式寝台を有する場合は、上段と下段の間隔は、おおむね1m以上である必要があります。
③ 　適当な換気、採光、照明、防湿、排水の設備を有する必要があります。
④ 　宿泊者の需要を満たすことができる規模の入浴設備を有する

必要があります。

⑤　宿泊者の需要を満たすことができる適当な規模の洗面設備を有する必要があります。

⑥　適当な数の便所を有する必要があります。

【簡易宿所の衛生基準】

①　収容定員に応じて十分な広さを有し、清掃が容易に行える構造である必要があります。

②　客室の前面に空地があるなど衛生上支障がない場合を除いて、客室は、地階に設けれないとされています。また、窓のない客室も設けることができません。

③　適当な規模の玄関、玄関帳場を設けることが望ましいとされています（帳場設置の有無は条例に委ねられています）。

④　廊下・階層式寝台を置く客室の通路は、適当な幅を有する必要があります。

■ 旅館業法改正の主な内容

種別	旅館・ホテル営業	⇒ ホテル営業・旅館営業の営業種別を統合
	客室数の最低数	⇒ 「ホテル10室以上、旅館5室以上」要件を撤廃
	客室の最低床面積	⇒ 洋式・和式の定めを撤廃
	寝具の種類・客室の境	⇒ 「洋室9㎡以上、和室7㎡以上」要件を撤廃
構造	採光・照明設備	⇒ 照明：数値基準を撤廃、採光：数値基準を緩和
	便所	⇒ 数値基準を撤廃
	入浴設備	⇒ 「元ホテル」の要件を緩和（元旅館要件に統一）
	玄関帳場	⇒ 数値規制は撤廃。ICT活用等による免除。
	罰則の強化	⇒ 罰金の引き上げ。都道府県知事等への権限規定
	暴力団排除	⇒ 旅館業の欠格要件に暴力団排除規定等を追加

第4章 ● 旅館業法のしくみ　177

⑤　浴室は主に、以下の基準を満たす必要があります。

ⓐ　浴室・脱衣場の内部が外から容易に見えないようにする必要があります。

ⓑ　清潔で衛生上支障のないよう清掃が容易に行える構造である必要があります。

ⓒ　共同浴室を設ける場合は、原則として男女別に分け、各1か所以上のものを有する必要があります。

ⓓ　浴槽・洗い場には、排水に支障が生じないよう適切な大きさの排水口を適当な位置に設ける必要があります。

⑥　洗面所は、宿泊者の利用しやすい位置に設け、十分な広さを有している必要があります。

⑦　トイレは、宿泊者等の利用しやすい位置に設け、適当な数を有する必要があります。共同便所を設ける場合は、男子用、女子用の別に分けて、適当な数を備え付けなければなりません。

⑧　適当な換気、採光、照明、防湿、排水の設備を有する必要があります。客室は、窓等により自然光線が十分に採光できる構造とし、照明設備は、施設内のそれぞれの場所で宿泊者の安全衛生上・業務上の必要な照度を満たすものである必要があります。

■ 民泊営業手続きの難易度 ……………………………………………

厳しい

旅館業法上の民泊（簡易宿所）	・旅館業法上の営業許可が必要。 ・建築基準法、消防法などの要件をクリアする必要がある。
特区民泊	・国家戦略特別区域内であり、かつ民泊条例が制定されている自治体であることが要件
住宅宿泊事業法上の民泊	・ホストや管理者が自治体へ届出をすれば民泊ビジネスを行うことができる。

要件

やさしい

 旅館業法か住宅宿泊事業法さえ遵守すれば民泊ビジネスは適法に行えますか。

 他にも建築基準法、消防法、旅行業法、産業廃棄物処理法などを遵守する必要があります。

　人を宿泊させる事業を行おうとした場合、旅館業許可の取得か、住宅宿泊事業の届出を保健所を通して行えば、それだけで適法に民泊ビジネスを営むことができると誤解されている例がたくさんあります（ここでは特区民泊を考慮しないものとして説明します）。

　しかし、厳密に言えば、保健所が所管とする旅館業法は、旅館業の業務の適正な運営の確保と公衆衛生の向上を目的とするにとどまり、旅館施設自体のリスクや、火災・地震等の災害による被害を軽減することなどが考慮されていません。

　また、住宅宿泊事業法では、最低限の宿泊者への安全性確保が考慮されていますが、それだけで充分とはいえません。

　宿泊施設という建物自体のリスクについて必要な法律が建築基準法であり、火災・地震等の対策として必要な法律は消防法です（ただし、住宅宿泊事業法は一部、建築基準法の考え方を国の規則や国土交通省告示の中で義務化しています）。

　宿泊事業は宿泊者の健康面にとどまらず、命に関わることもある非常に責任の重い事業であることを認識し、建築基準法や消防法についてもしっかり理解しておきましょう。

　その他、観光客等に対して、宿泊サービス以外に「運送サービス」や「旅行商品の企画・個々のサービスの手配」などをする場

第4章 ● 旅館業法のしくみ　179

合には、旅行業法に基づく登録が必要になります。

　2018年6月15日の旅館業法改正や住宅宿泊事業法施行に合わせて旅行業法も民泊ビジネスに即した旅行取引の責任者要件緩和や、これまで旅行業法の規制がなかった旅行サービス手配業（ランドオペレーター）の登録制度が新設されています。

　さらに、旅館業や住宅宿泊事業によって排出されるゴミは産業廃棄物処理法に定める「廃棄物」に該当します。このことから、旅館業や住宅宿泊事業によって排出されるゴミを宿泊施設付近にある家庭ゴミと混ぜて自治体の回収に出すと産業廃棄物処理法違反となります。

　しっかり産業廃棄物処理法に基づく許可を受けた業者にゴミ回収を依頼する必要がありますが、この際、産業廃棄物か一般廃棄物いずれかの収集運搬許可しか持たない業者に回収させることも違法です。事業から排出されるゴミは産業廃棄物処理法において、「一般廃棄物」と「産業廃棄物」に分かれているため、適切な処理業者（一般廃棄物収集運搬業者と産業廃棄物収集運搬業者）に委託しないと罰せられるわけです。

■ 廃棄物の分類

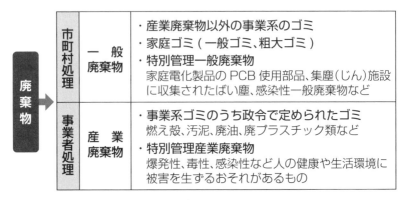

Question 5 住宅を旅館に変更する際の注意点を教えてください。

旅館業法の他、建築基準法、消防法などの要件を満たしている必要があります。

　民泊ビジネスの収益性に注目が高まり、旅館業の許可取得が流行していましたが、実際には適法に旅館業を行えない物件も多く存在することが、見過ごされている傾向にありました。
　これはAirbnbなどの民泊仲介サイトに登録されている物件であっても同様で、実際に建築基準法や消防法に関する法令違反で摘発されるケースが後を絶ちません。
　住宅宿泊事業法においては、建築基準法上の建物用途が「住宅」のままで宿泊事業を行えるように定められましたが、消防法上は「ホテル又は旅館」として厳しい基準が課されることとなっています。
　なお、特に旅館業に関連するものとして、市場に流通する物件を新たに購入して民泊ビジネスに参入しようとするケースが目立ちますが、実際は旅館施設として適さない物件が多くあることに注意が必要です。
　旅館業に適した物件とは、言い換えれば、旅館業法だけでなく、建築基準法、消防法、都市計画法などの要件をクリアできる物件といえます。これから専用の建物を新築する場合であっても、中古物件を活用する場合であっても、共通する要件は多いので、それぞれの法律を中心に基本的なポイントについて説明していきま

す。これらの法律は自治体ごとの条例で緩和、あるいは強化されていることがありますので、あらかじめ管轄の窓口に確認する必要はあります。また、旅館業法や建築基準法、消防法以外にもバリアフリー法（条例）や、景観法（条例）など、細かい法令を遵守しなければならない場合もあります。

●**立地**に関する条件

最初に注意しなければならないのは、物件の立地条件です（ここでいう立地条件とは、集客のしやすさに関するものではなく、法律上、営業不可の規制があるか否かの条件）。都市計画法では、住居、商業、工業など地域の特性に基づき12種類の分類（203ページ）がなされていますが、このうち旅館業ができるのは「第一種住居地域、第二種住居地域、準住居地域、近隣商業地域、商業地域、準工業地域」の6種類の用途地域とされています。

ただし、上記以外であっても各自治体が特別用途地区など、用途制限を緩和している地域については、旅館営業を行うことができます。

なお、住宅宿泊事業法では、建物の用途が「住宅」のままで宿泊事業を行うことが前提とされているため、都市計画法上の住居専用地域でも、条例の規制がない限り、宿泊事業を行うことが可能になりますが、多くの自治体で営業日数や営業そのものの規制を条例で上乗せしているケースが目立ちますので、注意が必要です。

●**建物自体**に関する条件

次に注意したいのは、建物自体の要件です。違法建築物がNGなのは当然として既存不適格建築物（198ページ）の場合は、住宅から旅館に変更した時点で、違法建築物となりますので、現行の建築基準法の規制に沿った構造に改装工事できるか事前に判断することが必要です。また、接道義務（224ページ）を満たしていない建物も同様に住宅から旅館に変更した時点で違法となります。

どのような建物を旅館にできるのでしょうか。

戸建ての他、ワンフロア全体や一棟丸ごとのマンションなどは転用の余地があります。

　旅館業では、マンション一室のみを活用することは、玄関帳場（フロント）設置義務や、建物の用途変更（100㎡以上の床面積を一定の事業等に用いる際に必要な建築基準法上の手続き）、消防設備などの課題があり、適法に行うのは、ほとんど不可能です。

　このことから、現状、旅館業に適した物件は戸建てのみとなり、アパートやマンションについては、ワンフロア全体や一棟丸ごと旅館業に転用する場合のみ検討の余地があります。

　住居として建てられた建物を旅館業に活用する場合、建築基準法上、「用途変更」という行為に該当します。よく用途を変更する面積が100㎡未満であれば、建築基準法上や消防法上の用途変更にはあたらないと誤解されるケースがありますが、これは「建築基準法上の確認申請」という手続きが法律上、不要とされている（免除されている）だけで、建築基準法や消防法に適合しなくてもよいわけではありません。

　特にこれから中古物件を購入する場合、検討している物件が増改築されており、規定の建ぺい率（敷地面積に対する建築面積の割合）が超過していないか、あるいは容積率（敷地面積に対する建築延べ面積の割合）が超過していないかという点に注意する必要があります。また、建築確認申請のされていない増改築でない

第4章　●　旅館業法のしくみ　183

か、接道条件を満たさなくなっていないか（4ｍ以上の道路に2ｍ以上接しているか）などの確認が必要です。これらに該当する物件は違法建築物ですので、適法な営業をすることはできません。

一方で、現行法上では、建ぺい率や容積率を超過しているものの、新築時や建築確認申請時の法律では適法であった建物の場合は、既存不適格建築物と呼ばれ、用途変更などの確認申請をする際に建物全体を現行法令に適合させる必要があります。

なお、これらの用途変更で建築確認が必要になる用途面積が現状の100㎡から200㎡に緩和されることが2018年3月の建築基準法改正案で決定しています。

●その他の確認事項

その他の確認事項は大きく分けて①玄関帳場設置可否、②水回り設備、③客室面積等となります。

① 玄関帳場設置可否

玄関帳場は、宿泊客が利用する空間から明確に区画されており、さらに客室を利用しようとする者が必ず通過し、その出入りを容易に視認することができる場所に設置する必要がありますので、簡単に言うと建物の入り口すぐの場所に自治体ごとに定められた面積以上確保できる物件でなければ、許可を取ることができません（ただし、ICTの導入など自治体が定める一定の要件により玄関帳場の設置は免除されます）。

② 水回り設備

水回り設備の主なものは、浴室、便所、洗面となります。多くの場合、浴室は浴槽付きで、浴室の前に脱衣所が備わっている必要があります。便所は収容人員ごとに個数が定められている自治体（5人ごとに一個など）や、東京都大田区のように最低2個としているもの、東京都品川区のように各階に男女別設置という厳格なものまであります。いずれの場合も、手洗いを設置する必要

があり、東京都大田区のように、水タンク上の手洗いを認めない例もありますので、専用スペースを設けるのが望ましいといえます。

③ 客室面積等

旅館・ホテル営業と比べると、民泊（簡易宿所）の場合、共用部の面積要件は厳格ではありませんが、客室や寝室については、旅館・ホテル営業同様に厳格です。まず、客室の延床面積は、3.3㎡に宿泊者の数を乗じる面積以上なければなりません（3名の場合9.9㎡以上）。

さらに寝室面積（客室のうち、寝ることが可能な面積）はベッドの場合、最低9㎡以上、布団の場合、最低7㎡以上必要です。この面積には、設置された固定の机や扉の開閉スペースなどが除かれます。また、客室の窓面積として、合計客室面積の8分の1以上の広さがなければなりません。

■ 旅館業に適した物件かを判断する目安 ……………………………………

```
┌─────────────────────────────┐
│   旅館営業不可能な地域である   │
└─────────────────────────────┘
          No ▼
┌─────────────────────────────┐   Yes   ┌──────────────┐
│ 延べ床面積100㎡以上の戸建て   │────────▶│  用途変更の   │
│    またはマンションである     │         │ 確認申請必要  │
└─────────────────────────────┘         └──────────────┘
          No ▼
┌─────────────────────────────┐   Yes   ┌──────────────┐
│ 違法建築物ではないが既存不適格建築物である │──▶│  建物全体を   │
└─────────────────────────────┘         │ 現行法令に適合 │
          No ▼                          └──────────────┘
┌─────────────────────────────┐   Yes   ┌──────────────┐
│   玄関帳場設置が不可能である   │────────▶│ 義務ある自治体 │
└─────────────────────────────┘         │ かをチェック  │
          No ▼                          └──────────────┘
┌─────────────────────────────┐   Yes   ┌──────────────┐
│    水回り設備が不適切である    │────────▶│  大規模な改修  │
└─────────────────────────────┘         └──────────────┘
          No ▼
┌─────────────────────────────┐   Yes   ┌──────────────┐
│   面積要件をクリアできない     │────────▶│  大規模な改修  │
└─────────────────────────────┘         └──────────────┘
          No ▼
     ┌──────────────────┐
     │  旅館業物件に最適  │   ※建築基準法改正により200㎡に変更予定
     └──────────────────┘
```

第4章 ● 旅館業法のしくみ　185

マンションで旅館業を行う場合に、どのような留意点がありますか。

現行の建築基準法に適合させることや建物全体に消防設備を設置しなければならないなどのハードルがあります。

　旅館業法の規制を読み込んでも、アパートやマンションでは旅館業の許可を取得することができないという規定はありません。

　しかし、実際にはアパートやマンションの1室のみを民泊に活用することはさまざまなハードルから難しいといえます。

　宿泊施設の床面積が100㎡以上（改正により200㎡となる予定）の場合、建築基準法上の用途変更という手続きが必要になりますが、変更部分は現行の建築基準法に適合させる必要が生じます。しかし、現行の建築基準法にアパートやマンションを適合させるリフォームは多大な費用がかかり現実的ではありません。さらに床面積が300㎡を超える場合で、民泊部分が1割を超えるときは、建物全体に自動火災報知機を設置する必要があり、民泊とは関係ない他の入居者の部屋に自動火災報知機を設置してもらうことは不可能なため、消防設備の課題がクリアできないという問題もあります。

　また、改正法により帳場の設置が緩和されたとはいえ、自治体によって設置緩和を否定しているケースも多く見られます。玄関帳場と宿泊客が利用する空間から明確に区画し、客室を利用しようとする者が必ず通過し、その出入りを容易に視認することができる設備にしなければならず、マンション一室での設置は難しいといえます。

旅館業法の規制が免除されるイベント民泊とはどのようなものなのでしょうか。

年1回2〜3日程度のイベント開催で、自治体の要請等により自宅を提供する場合でも旅館業規制が免除される制度です。

　イベント民泊は、「年1回（2〜3日程度）のイベント開催時」に「宿泊施設の不足が見込まれ、開催地の自治体の要請等により自宅を提供する」ような「公共性の高いもの」について、旅館業の規制が免除される（自宅に宿泊者を有料で泊めてもよくなる）制度をいいます。

　イベント民泊として認められるためには、上記のような「イベント開催時」「宿泊施設の不足」「自治体の要請」「公共性の高さ」といった要件が必要となりますので、容易には認められません。

　基本的には、年1回の数日のみ、という条件があることで宿泊者の入れ替わりがない宿泊とみなされ、反復継続性が否定されることが旅館業法の規制が免除される理由となります。

　したがって、同一自治体で、1年の間に複数の異なるイベントがあり、1年に2回以上、イベント民泊の申請を行う場合であっても、同一施設について、1年の間に複数回イベント民泊を実施することはできないということになります。

　ただし、1回目にイベント民泊の申請を行ったものの、宿泊者によるキャンセル等で泊めることがなかったときは、次回のイベント開催時に自宅を提供することは認められます。

第4章 ● 旅館業法のしくみ　187

旅館業法上の簡易宿所営業の許可を得るまでの手続きの全体像と必要書類について教えてください。

申請書類に建物に関する各種書類を添付して、建物所在地の保健所に申請します。

　民泊に最も活用されている旅館業法上の簡易宿所営業の許可を得るまでの大まかな流れは、①事前相談、②関係機関への照会・相談、③申請手続き、④建物の検査、⑤許可の取得という経過をたどります。もっとも、申請先の自治体により手続きの流れが異なりますので、事前の確認が必要です。

① **事前相談**

　簡易宿所営業の許可を取得するには、旅館業法だけでなく、建築基準法・都市計画法・消防法等の関係するすべての法令（自治体の条例を含みます）の基準を満たさなければなりません。申請先である保健所（保健センター）に加えて、各法令を所管する部署と事前に相談し、法令に適合するように建物の設備・構造の整備などを行いましょう。

　事前相談の際には、簡易宿所営業を行う建物の図面などの資料を持参しましょう。たとえば、建築基準法の規制（前面道路や建物構造基準など）は各市区町村の建築審査課で、消防法の規制（自動火災報知設備や誘導灯の設置など）は建物所在地を管轄する消防署で相談ができます。

② **関係機関への照会・相談**

　申請を受理した保健所は、市区町村の建築審査課（建築指導課）、

消防署、教育機関、都道府県庁などの関係部署に照会を行います。たとえば、消防署に照会を行った場合、消防関係法令等に適合する旨を確認すると、消防署は通知書（消防法令適合通知書）を保健所に交付します。

照会の結果、法令上の問題が判明したときは、保健所から追加の書類提出が求められることがあります。なお、建物所在地から100m〜200m以内（都道府県の条例により異なります）に学校等（幼稚園、小学校、児童が利用する図書館、公園など）がある場合は、許可申請の前に当該学校等に対しても意見照会を行い、了解を得る必要があります（照会自体は保健所等を介して行います）。

③　申請手続き

旅館業法上の許可権者は都道府県知事（建物所在地が保健所設置市または東京23区の場合は市長または区長）です。しかし、実務上は建物所在地を管轄する保健所（保健センター）が申請先となっていますので、保健所の担当部署に申請を行います。

④　建物の検査

関係部署への照会が終わると、消防署の職員や保健所の職員が、建物について法令上の基準に適合しているかどうか検査を行います。厳密な流れとしては、ⓐ消防署の手続き、ⓑ消防署の検査、ⓒ消防法令適合通知書交付、ⓓ保健所の手続き、ⓔ保健所の検査、となります。

⑤　許可の取得

以上の手続きを経て、関係するすべての法令（自治体の条例を含みます）の基準を満たしていると判断されると、保健所より簡易宿所営業の許可が下ります。許可証の発行は、自治体によっても異なりますが、早い都道府県では、２週間程度、長い都道府県でも１か月半程度となっています。

第4章 ● 旅館業法のしくみ　189

旅館業許可ではどんな書類を提出すればよいのでしょうか。添付書類についても教えてください。

申請書には施設の詳細を記載します。また図面や定款、登記事項証明書、消防法令適合通知書などが必要です。

旅館業許可申請をするときに作成する申請書は「旅館業営業許可申請書」です。許可申請書に記載する主な事項は、①旅館業を行う建物（営業施設）の名称、②営業施設の所在地、③営業の種別、④営業施設の構造設備の概要、⑤申請者に旅館業法違反該当の有無及び該当するときはその内容、⑥建物の管理者の氏名です。

●添付書類などについて

許可申請書の添付書類として提出する主な書類は、①付近見取図、②建物に関する各図面、③定款の写しや登記事項証明書、④消防法令適合通知書です。その他、自治体や建物所在地によっては、追加して提出すべき添付書類が生じる場合があります。

① 付近見取図

付近見取図とは、建物を中心にその周辺を示した地図のことです。簡易宿所営業の許可申請の際は、営業施設から半径200〜300m以内の住宅、道路、学校などが記載された見取図を作成します。

② 建物に関する各図面

配置図（建物の配置や敷地との位置関係を示した図）、各階平面図（建物を上から見た図）、正面図（建物を前から見た図）、側

面図（建物を横から見た図）を作成します。客室などにガス設備を設ける場合は、ガスの配管図の作成も必要です。
③　定款の写しや登記事項証明書
　申請者が法人である場合にのみ提出が義務付けられます。登記事項証明書は6か月以内に発行されたものを提出します。
④　消防法令適合通知書
　電気工事士や消防設備士などが、消防用設備等の設置を行い、消防用設備等設置届出を提出すると、防火対象物使用開始届を提出することができます。さらに、旅館業の場合は同時に消防法令適合通知書交付申請を行い、消防署の検査を受けることで、旅館業許可申請に必要な消防法令適合通知書が交付されます。事業者の方から要望しないと、電気工事士や消防設備士から消防法令適合通知書交付の手続きはしてもらえない場合がありますので、注意が必要です。

■ 旅館業法上の営業許可申請手続きの流れ

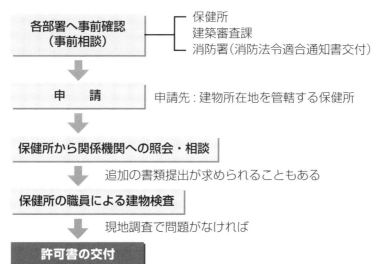

旅館業に関する自治体ごとの条例改正について教えてください。

改正法の趣旨に従った自治体と自治体独自の考えで規制を強化した自治体に分かれました。

　改正旅館業法は、2017年12月8日に成立し、同月15日に公布されましたが、法律の施行は2018年6月15日に住宅宿泊事業法の施行にあわせて行われました。

　改正法施行前から改正旅館業法を前提とした旅館業法条例の改正を行っている自治体（都道府県や市町村）もありましたが、多くの自治体では法律施行にあわせて条例の改正が行われました。

　本来的には、改正旅館業法の附則により「改正旅館業法施行前の準備行為」として新しい区分である「旅館・ホテル営業」の許可申請が行えるとされていましたが（たとえば客室5部屋に満たない施設であっても、簡易宿所営業ではなく、旅館・ホテル営業の許可申請が可能）、実務上、施設を所管する自治体の構造設備要件を定める条例が改正されていない状況では、申請を進めることはできなかったわけです。

　改正旅館業法は多くの構造設備要件が緩和されたり、撤廃されており、これまで事業者の負担が大きかった玄関帳場の免除なども前提とされていますが、結果的に従来の構造設備と同等の要件を維持する考えや、玄関帳場を変わらず重要視する姿勢を示す自治体もあります。

　基本的に条例が担う主な規制内容は以下の表のとおりですが、

これ以外にも自治体独自の規制を加える例も多く見受けられます。

たとえば、民泊増加による近隣トラブル増加への懸念を受けて、東京都の台東区や千代田区の条例では、「営業施設には、適正な運営を行うため、営業時間中に営業従事者を常駐させること」という厳しい規制が定められています。

これらと同様に民泊増加による近隣トラブル増加に対して、厳しい条例を制定したのが、外国人観光客が増加の一途をたどる京都市で従事者の常駐はもちろん、宿泊施設による周辺住民への配慮や、ゲストのマナー違反の予防、トラブル発生時などの対応が必要になったことを受けて「旅館業許可取得時の近隣住民への説明行為の義務化」や、「宿泊者が近隣住民に迷惑をかけないための利用規約（ハウスルール）の対面による説明義務」「トラブル発生時の現場対応管理者距離制限（駆け付け10分以内）」などが定められています。

■ 旅館業に関して条例が担う主な規制内容一覧 ······················

構造設備基準の内容	根拠法
換気、採光、証明、防湿、排水等の設備の設置	国の政令
入浴設備、洗面設備、便所の設置	国の政令
客室床面積に関する基準	国の政令
採光や照明の数値基準	自治体ごとの条例
洗面設備の設置数基準	自治体ごとの条例
便所の設置数基準、便器、男女別等の基準	自治体ごとの条例
浴室の設置数基準、浴槽、脱衣所の設置基準	自治体ごとの条例
調理室に関する基準	自治体ごとの条例
寝具に関する基準	自治体ごとの条例
玄関帳場設置有無・数値基準	自治体ごとの条例
客室出入口に関する基準	自治体ごとの条例

第4章 ● 旅館業法のしくみ　193

なぜ、自治体ごとに旅館業の違いが生じるのでしょうか。条例が旅館業法に与える影響について教えてください。

地域の実情や特性に応じて旅館業法や関連法令に規定された基準が具体化されます。

　同じ旅館業に対する規制であっても、地域の実情・特性によって旅館業のあり方自体も大きく異なります。たとえば北海道と沖縄県が同じ衛生基準では、どちらかの自治体では宿泊者に対する悪影響が生じかねません。

　そこで、地域の事情を考慮した条例が自治体ごとに定められています。もちろん、旅館業に関する条例であれば、どの自治体の条例であっても、その根拠の法律である旅館業法の趣旨や目的を逸脱したものにはなりません。つまり、その多くの条例は、旅館業法や関連の規則、政令などに規定された基準を具体化したり合理的な範囲で強化するものとなっています。

　2016年4月1日に旅館業法に関する「旅館業における衛生等管理要領」が改正され、従来の「玄関帳場…設備を設けること」という記載が「玄関帳場…設備を設けることが望ましいこと」に改正され、それまで旅館業許可の大きな障壁となっていた玄関帳場の設置義務が緩和され、各自治体の判断（条例による規制）に委ねられましたが、その後も約4割の自治体が玄関帳場の設置を義務付けたままとなっていました。

　また、兵庫県神戸市のように、条例の端々に宿泊者との直接面接による本人確認を前提とする規制が規定されている例もあります。

旅館業の申請事項に変更が生じた場合にはどうしたらよいのでしょうか。

変更が生じた後10日以内に、届出を提出する必要があります。

　旅館業では、旅館業の申請事項に変更を生じたときには、10日以内に旅館業の変更手続きが必要となります（相続承継は60日以内）。手続きが必要となる変更事由は次ページの表のとおりです。

　ただし、都道府県によって必要な手続きや書類等が異なる場合もありますので、詳しくは所管の保健所に相談しましょう。

　施設内の構造設備の変更は、変更届で済む場合と、新たに新規の施設として許可申請し直さなければならない場合があるため、注意が必要です。

　新規許可申請となるケースは「構造設備の変更が著しい変更」である場合となります。著しい変更の明確な基準はありませんが、壁、柱、床、はり、屋根、階段などの過半に及ぶ修繕や客室や宿泊室の数や面積が変更になる場合などが考えられます。

　なお、施設を移動する場合（同一地番内で同一施設のものが移動し、場所だけ変更のあった場合も含む）は、原則、変更届出ではなく、新規の許可申請をしなければなりません。

　ただし、施設所在地が、市長町名の変更や市町村合併により変更された場合については、変更届出をする必要はありません。

　すでに個人として営業している旅館業を法人化したいと考えたとしても、新たに法人として許可を取得するためには、新規の許

第4章 ● 旅館業法のしくみ　195

可申請を行う必要があります。この際は、同時に個人の許可について廃業届を提出しなければなりません。当然、法人の許可番号は、新たに付与されるため個人の頃の許可番号を引き継ぐこと等はできません。ただし、旅館業を営む者が死亡した場合、その相続人が引き続き旅館業を営業するときは承認を受けることで継続可能です。

　一方で法人として営業している旅館業を他の法人に合併したり分割する場合も、合併または分割の登記前に承認を受ける必要があります。

　よくある相談として、個人として営業していた旅館業を法人に事業譲渡する場合に許可付きで譲渡できると思われているケースが多いのですが、この場合は譲受する法人が新規で許可申請するのみのケースとなり、承継にはあたりません。

■ 旅館業に関する手続きが必要な変更事由 ………………………

変更事由	変更届に添付して提出する書類
申請者の婚姻等による氏名の変更	戸籍抄本
会社名、会社の代表者、事務所所在地の変更（法人の合併分割については以下）	定款・登記事項証明書
営業所名称の変更	
施設内の構造設備の変更 ※構造の著しい変更は新規の申請になります。	新旧平面図 構造設備の概要 消防法令適合通知書 建築確認通知書・検査済証の写し
相続による承継	除籍全部事項証明書（被相続人の死亡の記載のある戸籍謄本） 相続人全員の同意書（相続人が2人以上の場合）
法人の合併または分割による承継	定款・登記事項証明書
旅館業の停止もしくは廃止	旅館業許可証（廃止の場合）

第5章

民泊ビジネスに関連する建築基準法や消防法の知識

なぜ民泊では、建築基準法が問題となりやすいのでしょうか。

建物が民泊に用途変更されると、建築基準法の基準に違反する場合があるためです。

　建築基準法は、建物の敷地、構造、設備、用途などについて守るべき必要最低限の基準を定めることによって、人間の生命や健康、財産を保護することを目的とした法律です。

　建築基準法は、日々改正され、規制は見直されていきます。すると、それ以前にはそれらの規定に適合していた建築物が、新しい規制に適合しなくなる事態が起こり得ます。

　しかし、過去にさかのぼって法律を適用するわけにはいきませんので、それ以前にはそれらの規制に適合していた建築物については、改正後の法律等の規制に適合していなくても合法建築物とみなします。

　このような建築物のことを、既存不適格建築物といいます。法律改正等によって規定が変更された時点（基準時）ですでに存在していた建築物と、その時点で建築（増築・改築を含む）中、修繕中、模様替え中だった建築物との両方が既存不適格建築物として認められます。

　過去にさかのぼって法律を適用するわけにはいきませんから、それ以前にそれらの規制に適合していた建築物については、改正後の法律等の規制に適合していなくても合法建築物とみなざるをえないわけです。

既存不適格建築物にもいろいろありますが、法律改正等によって規定が変更された時点（基準時）ですでに存在していた建築物と、その時点で建築（増築・改築を含む）中、修繕中、模様替え中だった建築物との両方が既存不適格建築物として認められます。ただし、既存不適格建築物が合法建築物とみなされるのは、あくまで建築時の建築物用途のまま利用されている間に限られます。

　民泊では、それまで建築物用途が「住宅」や「共同住宅」であった建築物を宿泊事業に用いることから、建築物用途が「住宅」や「共同住宅」から「ホテルまたは旅館」に変更（用途変更）されます。

　この時点で、合法建築物とみなされる既存不適格建築物から、違法建築物とみなされることになりますので、通常は用途変更の前に、現行の建築基準法の規制に沿った構造に改装工事しなければなりません。

　しかし、この改装工事は莫大な費用がかかるため、多くの民泊では、改装工事をすることなく違法建築物のまま営業を開始することが多いわけです。なお、住宅宿泊事業法は、建築物の用途が「住宅」のまま宿泊事業が行える旅館業法の例外ともいえます。

■ **建築基準法の目的** ･･･

第5章 ● 民泊ビジネスに関連する建築基準法や消防法の知識　199

民泊をする際に重要と言われる消防法とはどんな法律ですか。建築基準法との関係についても教えてください。

火災を予防・警戒・鎮圧することを目的に、建物の設置基準などを規定している法律です。

　消防法は、「火災の予防・警戒・鎮圧」を軸として次ページの図のような体系により建物などの規制を定める法律です。

　火災は、出火元だけでなく周囲にある物や人にまで被害を及ぼす重大な災害です。民泊では多くの住宅が密集する場所に不特定多数の宿泊客が出入りする事業です。一方で自らの自宅で過ごす場合に比べ、宿泊客というのは防火に対する意識は消して高いとはいえません。

　火災は、いつ発生するか予測したり、起こらないように予防することが困難な自然災害に比べ、事前の取り組みしだいで予防の効果が得られる災害であるとも言われていますので、建築物に対する措置や、宿泊客に対する対策などを講じることで、火災を予防できるといえます。消防法は、その目的を「火災を予防・警戒・鎮圧することによって社会公共の福祉の増進に資すること」としていますので、民泊においても消防法が非常に重要であると言われているわけです。

　旅館業法による民泊であっても、住宅宿泊事業法による民泊であっても、事前に消防法に定める基準を満たし、消防署の検査を受けて「消防法令適合通知書」の交付を受けなければ、手続きをすることができないようになっています。

●建築基準法と消防法の関係

　消防法と建築基準法は確かに別の法律ですが、これらには密接な関係があります。まず、建築基準法は、建築物の「敷地」「構造」「設備」「用途」に関する最低基準を定めている法律です。

　一方で消防法は、火災を予防することや警戒、鎮圧することで火災や地震からの被害を軽減させることを目的としている法律です。

　建築基準法では、建物などの最低基準を示し、避難のための廊下幅や歩行距離、内装仕様などを定めていますが、それだけでは、火災に対する措置としては不十分とされています。そこで消防法により、設備の設置基準や点検方法、防火管理者の有無、誘導灯や消火栓、警報器など、より火災対策に関する規定を詳細に定めています。

　言いかえれば、建築基準法は建物の最低基準を定め、消防法は、運用上必要な細かな基準を定めているということになります。

　なお、事業主が行政や審査機関に対して建築基準法に基づく確認や検査を行おうとする時は、建築物に関する計画が、その建築物に合った防火に関する規定に適合しているかについて、管轄の消防署長などの同意を得なければなりません。これを消防同意といいます。

■ 建築基準法と消防法の役割分担 ……………………………………

─ 建築基準法 ─	─ 消 防 法 ─
建物個々に関するもの 耐火・準耐火建築物、防火区画 内装制限非常照明、排煙設備	**消防設備** 消火栓・スプリンクラー等
建物と周辺の関係に関するもの 防火・準防火地域、用途地域	**防火管理** 火気管理、設備等の維持管理 訓練等

 用途地域とは何ですか。どんな種類があるのでしょうか。

 その場所に建てることができる建物の種類や用途に関する定めです。

　用途地域とは、都市計画法によって、その場所に建てられている建物の種類や用途などを定めたものです。用途地域を知れば、その地域が将来どんな街並みになるかを予測したり、周囲環境も知ることができます。

　具体的な用途地域の種類は次ページ図の通りですが、大きく分けて、住居系、商業系、工業系の3つに分けられており、住居系は主に住居の環境を保護するために定められる地域、商業系が、主に商業その他の業務の利便性を増進するために定められる地域、工業系が主に工業の利便性を増進するために定められる地域となっています。

　民泊を営む場合、従来からの方法としては、旅館業法に基づく許可を取得して経営するといことが多く行われています。旅館業法が規定する要件は厳格で、また、関連法令に違反するようなことがあってはなりません。特に都市計画法が規定する用途地域について、民泊は簡易宿所にあたりますので、旅館業を営むことが認められている地域でなければ、許可を取得することができず、違法な民泊経営になってしまいます。なお、都市計画法が定める旅館業を営むことができる地域は、（第1種・第2種）住居地域、準住居地域、商業地域、近隣商業地域、準工業地域の6種類に限

られます。たとえば住居地域とは、住環境を保護するために設定される地域ですが、商業用建物の混在も予定しているという特徴があります。

　これに対して、住宅宿泊事業法に基づき届出を行えば、適法に民泊を経営することが可能になります。こちらは旅館業法の基準よりも緩やかな基準をクリアすることで、民泊の経営を行うことができます。そして用途地域についても、本来、民泊は住居として用いている物件を利用して行うビジネスモデルですので、住居専用地域においても、民泊を営むことが可能になります。

■ **用途地域の概略** ……………………………………………………………

	用途地域の種類	地域特性
住居系	①第1種 低層住居専用地域	低層住宅に係る良好な住居の環境を保護するため定める地域
	②第2種 低層住居専用地域	主として低層住宅に係る良好な住居の環境を保護するため定める地域
	③第1種 中高層住居専用地域	中高層住宅に係る良好な住居の環境を保護するため定める地域
	④第2種 中高層住居専用地域	主として中高層住宅に係る良好な住居の環境を保護するため定める地域
	⑤第1種住居地域	住居の環境を保護するため定める地域
	⑥第2種住居地域	主として住居の環境を保護するため定める地域
	⑦準住居地域	道路の沿道としての地域の特性にふさわしい業務の利便の増進を図りつつ、これと調和した住居の環境を保護するため定める地域
商業系	⑧近隣商業地域	近隣の住宅地の住民に対する日用品の供給を行うことを主たる内容とする商業その他の業務の利便を増進するため定める地域
	⑨商業地域	主として商業その他の業務の利便を増進するため定める地域
工業系	⑩準工業地域	主として環境の悪化をもたらすおそれのない工業の利便を増進するため定める地域
	⑪工業地域	主として工業の利便を増進するため定める地域
	⑫工業専用地域	工業の利便を増進するため定める地域

第5章 ● 民泊ビジネスに関連する建築基準法や消防法の知識　203

用途地域や条例以外にも民泊が制限される地域があるというのは本当でしょうか。

本当です。「市街化調整区域」や「地区計画」「建築協定」などに注意しましょう。

　まず、重要なのは市街化調整区域です。用途地域はその場所に建てることができる建物の種類や用途に関する定め（202ページ）ですが、市街化調整区域は、そもそも用途地域を定めず、市街化そのものを抑制するものです。

　人が住むということ自体「属人性のある建築物」のみ例外的に認められているにすぎません（農業者用住宅や林業者用住宅など）。

　そのことから、属人性のある建築物の「属人」、つまり、そこに住む農業者や林業者以外が住宅などに活用することが認められていません。

　ただし、住宅宿泊事業は旅館やホテルではなく、住宅としての扱いとなるため、家主同居型に限り、認められるとされています。

　その他、民泊が制限されるものとして「地区計画」と「建築協定」があります。「地区計画」は、住民の合意に基づき地区の特性にふさわしいまちづくりを誘導するための計画です。

　「建築協定」は、建物や敷地などに関して、最低限の基準を定めるもので、町内会等の合意による「合意型」と団地等の開発許可に関連し協定が結ばれた「一人型」があります。これら地区計画や建築協定に「民泊禁止」が盛り込まれている場合、旅館業や住宅宿泊事業の営業は営業できないとされています。

防火対象物とはどのようなものでしょうか。民泊も該当するのでしょうか。

火災予防の対象物を防火対象物といいます。民泊も、すべて防火対象物として扱われます。

　防火対象物とは、消防法における火災予防の対象となる建築物等のことを指します。防火対象物は、その用途に応じてグループに分類され、グループごとに、消防用設備等の設置等に関して基準が定められています。防火対象物には、建築物だけでなく、船舶等や山林も含まれます。防火対象物は、大きく、「一般住宅」とそれ以外の「政令で定める防火対象物」とに分けられます。

　各防火対象物には収容人員が定められます。収容人員とは、その防火対象物に出入りする人、勤務する人、居住する人の数をいいます。収容人員数の違いにより、避難器具等の設置や、防火管理者の選任の必要性が異なってきます。政令で定める防火対象物の種類は、図表（次ページ）のとおりですが、民泊の場合、旅館業の許可を受けるものは「(5)項イ」に該当します。防火対象物のうち、旅館などの防火対象物で、多数の人が出入するものを特定防火対象物といいます。

　なお、住宅宿泊事業についても、「(5)項イ」の「旅館、ホテル、宿泊所その他これらに類するもの」として取り扱うとすることが2017年10月27日の消防庁からの通知で明らかにされています。ただし、家主同居型について宿泊室の床面積の合計が50㎡以下となるときは、通常の住宅「(5)項ロ」として取り扱うとされています。

第5章 ● 民泊ビジネスに関連する建築基準法や消防法の知識　205

■ 政令で定められている防火対象物（消防法施行令別表第一）

⑴　イ 劇場、映画館、演芸場、観覧場、ロ 公会堂、集会場

⑵　イ キャバレー、ナイトクラブ等、ロ 遊技場、ダンスホール、ハ 性風俗関連特殊営業を営む店舗、ニ カラオケボックス等

⑶　イ 料理店等、ロ 飲食店

⑷　百貨店等、展示場

⑸　イ 旅館、ホテル等、ロ 寄宿舎、下宿、共同住宅

⑹　イ 病院、診療所、助産所、ロ 特別養護老人ホーム、有料老人ホーム（一部）、介護老人保健施設、障害児入所施設、障害者支援施設（一部）等、ハ 老人デイサービスセンター、有料老人ホーム（一部）、障害者支援施設（一部）、更生施設、保育所、児童養護施設、身体障害者福祉センター、ニ 幼稚園、特別支援学校

⑺　小学校、中学校、高等学校、高等専門学校、大学、専修学校等

⑻　図書館、博物館、美術館等

⑼　イ 蒸気浴場、熱気浴場等、ロ イで示した公衆浴場以外の公衆浴場

⑽　車両の停車場、船舶や航空機の発着場（一部）

⑾　神社、寺院、教会等

⑿　イ 工場、作業場、ロ 映画スタジオ、テレビスタジオ

⒀　イ 自動車車庫、駐車場、ロ 飛行機や回転翼航空機の格納庫

⒁　倉庫

⒂　⒁までの各項に該当しない事業場。

⒃　複合用途防火対象物（⑴～⒂までの用途のうちの、２つ以上の用途のある防火対象物）、イ その一部が⑴～⑷、⑸イ 、⑹、⑼イの用途であるもの、ロ イ以外の複合用途防火対象物

⒃の２　地下街

⒃の３　連続して地下道に面している建築物の地階と、その地下道とを合わせたもの（⑴～⑷、⑸イ 、⑹、⑼イの用途を含むもののみ）

⒄　重要文化財、史跡等。重要美術品として認定された建造物

⒅　50m 以上の長さのアーケード

⒆　市町村長の指定する山林

⒇　総務省令で定める舟車

■ 防火対象物の収容人員の算定方法 ··································

項	建物の区分	収容人員の算定方法
(1)	劇場や集会場など	従業員の数、固定式のいす席の数などの客席数を合算する
(2)	遊技場	従業員の数、遊技器具を使って遊技を行える者の数、固定式のいす席の数を合算する
(3)	料理店や飲食店など	従業員の数や客席部分のいす席の数などを合算する
(4)	百貨店など	従業員の数や、従業員以外の者が使用する部分を一定の面積ごとに1人として計算した数を合算する
(5)	旅館やホテルなど	従業員の数、いす席の数、ベッド数などを合算する
	寄宿舎や下宿など	居住者の数によって算定
(6)	病院や診療所など	医師・歯科医師・助産師・看護師の数、病床の数などから算定
	養護老人ホーム、老人福祉センターなど	従業員の数や、老人、身体障害者の数などを合算する
	幼稚園や特別支援学校	教職員や幼児、児童の数などを合算する
(7)	小学校、中学校など	教職員や生徒の数などを合算する
(8)	図書館、博物館、美術館など	従業員の数と、閲覧室や展示室などの部分を一定の面積ごとに1人として計算した数を合算する
(9)	公衆浴場や蒸気浴場など	従業員の数と、浴場・脱衣室・マッサージ室などの部分を一定の面積ごとに1人として計算した数を合算する
(10)	車両の停車場や航空機の発着場など	従業員の数
(11)	神社や教会など	僧侶や牧師などの数と、礼拝場・集会場の部分を一定の面積ごとに1人として計算した数を合算する
(12)	工場やスタジオなど	従業員の数
(13)	車庫や特殊格納庫など	従業員の数
(14)	倉庫	従業員の数
(15)	事業場（事務所）	従業員の数と、従業員以外の者が使用する部分を一定の面積ごとに1人として計算した数を合算する
(16)	複合用途防火対象物や地下街	各用途部分ごとに分割して、それぞれの用途ごとに人員を算定して、それを合算する
(17)	文化財	床面積5.0㎡ごとに1人

第5章 ● 民泊ビジネスに関連する建築基準法や消防法の知識　207

民泊の管理者と防火管理者は何が違うのでしょうか。

管理者は業務一般が対象です。防火管理者は消火・避難に特化した事項を管理します。

　民泊の管理者は、旅館業法に基づくものであっても、住宅宿泊事業法に基づくものであっても、宿泊者のチェックアウト後の清掃や、消耗品の補充、リネン類の交換、宿泊に関する問い合わせ対応、チェックイン（鍵の受け渡し）、代金収受、設備使用説明など宿泊事業の運営管理の肝にあたる作業を行う者を指します。

　一方で、防火管理者ですが、旅館やホテルといった「不特定多数の者が出入したり、勤務するような建築物（消防法では、これを防火対象物といいます）では、火災が起こった場合、消火活動や避難行動がスムーズに行われず、重大な被害が生じる可能性が高くなります。

　そこで消防法により、一定の基準を満たす防火対象物に消防計画の作成や消火・避難訓練の実施、消火活動に必要な施設の点検や整備をする防火管理者を設置し、業務を行う義務を課しています。

　防火対象物は、建築物の種類に応じて規制内容を区分けしていますが、旅館やホテル、宿泊所では、建築物の収容人員が30名以上（この場合、宿泊客の上限と考えてよい）の場合に、防火管理者を選任しなければなりません。

　また、消防法では建築物の種類ごとに異なる面積要件を設けて「甲種防火対象物」と「乙種防火対象物」に区分しています。

旅館やホテル、宿泊所では、床面積300㎡以上「甲種防火対象物」、床面積300㎡未満を「乙種防火対象物」とすることとしていますので、選任する防火管理者も床面積300㎡以上であれば、甲種の防火管理講習を修了した者、床面積300㎡未満であれば、乙種の防火管理講習を修了した者から選任しなければなりませんので、注意が必要です。

　このように旅館業法や住宅宿泊事業法でいう管理者と、消防法でいう防火管理者は名称が似ていても、まったく別の役割を持った者ということができます。

　なお、住宅宿泊事業法では、住宅宿泊事業者から委託を受けた住宅宿泊管理業者から、さらに委託を受けて管理業務の一部を行うことは、住宅宿泊管理業者には該当しない（住宅宿泊管理業の登録が不要）とされています。

　その他の場合にも、家主同居型（法律上は住宅宿泊管理業者への委託義務がない）の住宅宿泊事業者から施設（住宅）の清掃等を事実行為として委託された場合も住宅宿泊管理業者にはあたらないとされています。

　このことから、住宅宿泊事業法で定める管理者の考え方には、管理対象に対する管理業務の責任を持つか否か、ということが考えられます。

　これは、旅館業法における管理者や、消防法における防火管理者も同様で、旅館業法では「施設の衛生上の維持管理責任」が事業者（あるいは事業者から委託を受けた管理者）側にあるとされており、防火管理者についても「防火管理上必要な業務（防火管理業務）を計画的に行う責任者をいう」とされています。

第5章 ● 民泊ビジネスに関連する建築基準法や消防法の知識　209

戸建てを民泊に活用しようと思い、消防署に相談したところ、3階建ては耐火建築物しか行えないと言われました。どういうことでしょうか。

建築基準法は、耐火性能がない延焼の危険が高い宿泊施設の利用を禁止しているのです。

建築基準法により、「3階建以上」か「延べ床面積200㎡以上」の建築物は、一定の基準を満たさないとホテルや旅館に活用することができません。具体的には「屋内空間を分けている壁を準耐火構造にし、小屋裏か天井裏に達している」「建物を耐火建築物にする」「主要構造部が準耐火構造や不燃材料の場合、2つ以上の直通階段をつける、居室から階段までの距離を30m以下にする」などの基準に適合する必要があります。

他にも「客室の床面積の合計が200㎡を越える場合、中廊下1.6m以上、片廊下1.2m以上、屋内階段幅120cm以上、けあげ20cm以下、踏面24cm以上とする」などがあります。これらの一例として、消防署では、耐火建築物が挙げられたものと考えられます。

なお、長屋（連棟）や共同住宅の各戸の界壁も準耐火構造として、小屋裏か天井裏に達しているものである必要があります。

● 耐火建築物とは

主要構造部が耐火構造である建物や、屋内で発生した火災や周囲で発生した火災の熱によっても主要構造部が耐えることができる性能をもっている建物のことを耐火建築物といいます。どちらの場合でも、延焼のおそれのある外壁の開口部には遮炎性能をもつ設備を設けることが必要です。

耐火建築物であれば、屋内で火災が発生したケースや、その建物の周辺で火災が発生したケースで、延焼することはありません。
　また、火災によって建物が倒壊したり、建物自体が極端に変形するということもありません。

●耐火構造とは

　火災が収まるまで建物が倒壊・延焼しない性能（耐火性能）をもつ建築物の構造のことを耐火構造といいます。耐火性能は、非損傷性、遮熱性、遮炎性の３つを合わせたものになります。このうち、非損傷性とは、柱や壁などに対して火災による火熱が一定時間加えられた場合に、変形や溶融などの損傷が生じない性能のことをいいます。

■ 耐火建築物にあたるかどうか

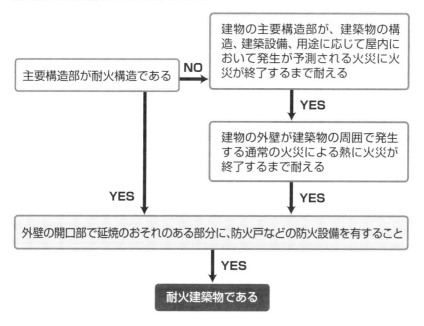

第5章 ● 民泊ビジネスに関連する建築基準法や消防法の知識　211

遮熱性とは、壁や床に火災による熱が一定時間加えられた場合に、加熱面以外の面が可燃物が燃焼する温度以上に上昇しない性質のことをいいます。

　遮炎性とは、外壁や屋根が、屋内で発生した火災による火熱が一定時間加えられた場合に屋外に火炎を出すような亀裂を生じない性質のことをいいます。

　これらの性能をもちあわせることで、建物が耐火構造をもつことになります。具体的には、たとえば、間仕切壁の構造について、「鉄筋コンクリート造、鉄骨鉄筋コンクリート造や鉄骨コンクリート造で厚さが10cm以上のもの」などと定められています。

■ 耐火構造にあたるかどうか

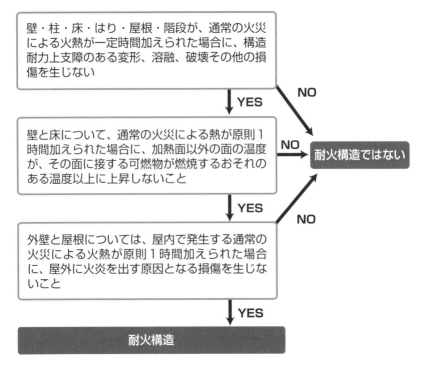

●準耐火建築物と準耐火構造

　主要構造部が準耐火構造であるか、準耐火性能をもち、主要構造部に防火上の措置がなされた建物で、外壁の開口部で延焼のおそれのある部分に遮炎性能をもち、防火設備が備えられたものを準耐火建築物といいます。

　また、壁や柱などが火災による延焼を抑制する準耐火性能をもっている構造のことを準耐火構造といいます。準耐火性能があるかどうかは、耐火性能と同様に非損傷性、遮熱性、遮炎性の3つの基準から判断されます。

■ 準耐火構造にあたるかどうか

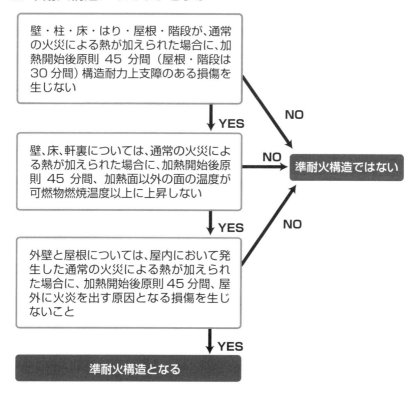

第5章 ● 民泊ビジネスに関連する建築基準法や消防法の知識　213

長屋（連棟）では、民泊がしにくいと聞きましたが、なぜでしょうか。

長屋全体が防火対象物として、長屋全体に対して消防設備の設置義務が生じるためです。

　長屋（連棟）は、1つの建物を壁で区切って複数の住戸とする構造になっており、それぞれの住戸と住戸の界壁が共有されています。このことから、長屋（連棟）の一部で宿泊事業をはじめることで、消防法上は全体を一つの防火対象物として扱うことになるため、長屋（連棟）全体に消防設備の設置義務が発生します。そのため、事実上、長屋（連棟）における民泊は難しいと言われているわけです。

　ただし、自治体によっては、長屋（連棟）に対する消防設備設置の特例を定めている場合もあります。たとえば、京都市では宿泊事業を行おうとする部屋と、その他の部屋（住戸）の界壁が準耐火構造の場合、あるいは、21mmの石膏ボードを小屋裏か天井裏まで達する工事を行えば、その他の部屋（住戸）については、消防設備設置をしなくてもよいという特例を定めています。

■ 京都市の特例

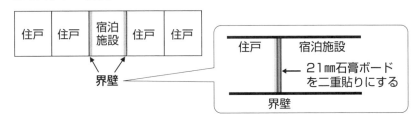

民泊をはじめる際に初期投資として消防設備が必要と聞きました。どのようなものを準備する必要がありますか。

主に、警報設備、消火設備、避難設備の3種類の消防用設備を整える必要があります。

　旅館業や住宅宿泊事業をはじめる際に必要となる消防設備等は、その規模によって大きく異なります。
　まず、消防法上の消防用設備ですが、大きく分けて警報設備、消火設備、避難設備の3つがあります。
・警報設備
　自動火災報知設備、ガス漏れ火災警報設備、漏電火災警報器、消防機関へ通報する火災報知設備、非常警報器具・非常警報設備（非常ベル、自動式サイレン、放送設備）があります。
・消火設備
　消火器・簡易消火用具、屋内消火栓設備、スプリンクラー設備、水噴霧消火設備、泡消火設備、不活性ガス消火設備、ハロゲン化物消火設備、粉末消火設備、屋外消火栓設備、動力消防ポンプ設備があります。
・避難設備
　避難器具（滑り台、避難はしご、救助袋など）、誘導灯・誘導標識があります。このうち、消防法上の設置として、民泊関連で必ず必要になるのは、警報設備の「自動火災報知設備」と、避難設備の「誘導灯」です。
　「自動火災報知設備」とは、火災が発生した場合に火災による

熱、煙、炎などを感知し、火災信号を発信することで受信機から警報が発されるしくみをもつ設備です。

「誘導灯」は、非常時に安全に屋外に避難できるために、扉付近や避難口に通じる通路に設置する標識をいいます。他に、建築基準法上の設置義務として非常照明も必須といえます。ややこしいですが、非常照明の設置基規定は建築基準法にあり、定期的な点検義務は消防法の規定で定められています。よく聞く消火器の設置義務は、本当は床面積150㎡以上の場合となっていますが、火災時の初期消火にも役立つため、任意に設置しておくことが多いようです。

なお、床面積300㎡未満の場合は、特定小規模施設の特例があり、「自動火災報知設備」を受信機や配線が不要な無線式の感知器とすることができます。一般的な戸建て（2階建て）の場合で約30万円〜50万円で導入できます。

■ 主な消防設備の設置基準 ·····················

基　準	非常用照明	自動火災報知設備	誘導灯	消火器
民泊部分が建物全体の半分未満で延べ床面積 50 ㎡未満	不要	建物全体に住宅用	不要	不要
民泊部分が建物全体の半分で延べ床面積 50 ㎡超	必要	宿泊部分に特定小規模施設用	必要	不要
民泊部分が建物全体の半分で延べ床面積 150 ㎡超	必要	宿泊部分に特定小規模施設用	必要	必要
民泊部分が建物全体の半分超	必要	建物全体に特定小規模施設用	必要	不要
民泊部分が建物全体の半分超で延べ床面積 150 ㎡超	必要	建物全体に特定小規模施設用	必要	必要
民泊部分が建物全体の半分で延べ床面積 300 ㎡超	必要	宿泊部分に通常自動火災報知設備	必要	必要
民泊部分が建物全体の半分超で延べ床面積 300 ㎡超	必要	建物全体に通常自動火災報知設備	必要	必要

旅館業や住宅宿泊事業法などの民泊を行う際に必要とされる非常用照明とはどんな照明装置なのでしょうか。

部屋や通路に配置されていて、火災による停電時も一定の照度を保つ照明装置です。

　非常用照明は、宿泊施設など不特定多数の人が出入りする施設で、火災などにより停電した際も速やかに安全に避難できるように部屋や通路に配置するよう義務付けられるもので、停電時でも一定の照度を保つ照明装置をいいます。

　非常用照明装置の設置が義務付けられる建物の居室は、宿泊施設に限らず、①劇場、病院、学校、百貨店などの特殊建築物とよばれる建物の居室、②階数が3以上で、延べ面積が500㎡超の建築物の居室、③採光上有効な開口部の面積が居室の床面積の20分の1以下の居室、④延べ面積が1,000㎡超の建築物の居室です。また、これらの居室から地上へと至る廊下、階段などの通路などにも、非常用照明装置の設置が義務付けられています。

　ただし、以下の建築物、建築物の部分は、非常用照明装置の設置義務はありません。
・民泊をしない一戸建て住宅、長屋や共同住宅の住戸
・病院の病室、下宿・寄宿舎の寝室等の居室
・学校など
・避難階、避難階の直上階、避難階の直下階で、避難上問題がないものなど

第5章 ● 民泊ビジネスに関連する建築基準法や消防法の知識　217

非常用照明の設置基準などを詳しく教えてください。

地上出入口への距離や、出入口までの通路の状況によって異なります。

　非常用照明とは、災害時などに停電した際、人々を速やかに避難できるよう居室に設けるバッテリー等で灯火する照明装置です。まず、大前提として住宅宿泊事業の届出を行う場合は、建物の用途が「住宅」のままのため、家主同居型で宿泊室の面積が50㎡以下の場合は、非常用照明の設置は免除されます。それ以外の場合や、旅館業の許可を受ける場合は、各部屋や通路ごとに非常用照明の設置が必要か否かの判断が必要です。

　以下は、国土交通省の定める「民泊の安全措置の手引き」に基づいて、簡単に設置基準を説明します。

・通路や階段などに非常用照明の設置が必要か否かの基準

　通路や階段は「採光上有効に直接外気に開放」されていれば、非常用照明が不要となります。「採光上有効に直接外気に開放」とは、外気に解放された廊下等で排煙上、支障のない状態で外気に解放されているものをいいます。

・宿泊室（寝室）に非常用照明の設置が必要か否かの基準

　宿泊室（寝室）が以下の３点すべてに該当する場合は、宿泊室（寝室）に非常用照明の設置は不要となります。

① 　避難階（直接地上へ通じる出入口がある階）や、避難階の直上・直下の階の部屋

② 有効な光の採れる窓などの面積合計が、該当する部屋の床面積20分の1以上

③ 避難階の部屋の場合、屋外の出入口までの歩行距離が30m以下避難階の直上・直下の場合、屋外の出入口までの歩行距離が20m以下

　上記の3つに該当しない場合でも、床面積の合計が30㎡以下で地上までの出入口を有する場合あるいは、地上までの出入口に通じる通路や廊下など「採光上有効に直接外気に開放」されている場合や非常用照明がある場合は、宿泊室（寝室）に非常用照明は不要とされています。

　なお、非常用照明の設置が必要な場合、民泊をはじめようと考える方は、自分で工事をしようとするかもしれませんが、電気工事法により、電気工事士の資格がない者が電気の配線やコンセント配置などをすることは禁止されています。

■ 宿泊室に非常用照明の設置が必要か否かの判断 ·················

避難階	採光	屋外の出入口までの歩行距離	床面積の合計	非常用照明
避難階・避難階の直上や直下以外	－	－	30㎡超	必要※
避難階・避難階の直上や直下以外	－	－	30㎡以下	必要※
避難階	床面積の20分の1未満	－	30㎡超	必要※
避難階	床面積の20分の1以上	屋外出入口まで30mを超える	30㎡超	必要※
避難階	床面積の20分の1以上	屋外出入口まで30m以下	30㎡超	不要
避難階の直上・直下	床面積の20分の1未満	－	30㎡超	必要※
避難階の直上・直下	床面積の20分の1以上	屋外出入口まで20mを超える	30㎡超	必要※
避難階の直上・直下	床面積の20分の1以上	屋外出入口まで20m以下	30㎡超	不要

※床面積の合計が30㎡以下で地上出入口を有するor地上出入口に通じる通路等が直接外気に開放されている場合は不要

第5章 ● 民泊ビジネスに関連する建築基準法や消防法の知識　219

建築確認や用途変更とはどんなことをしなければならないのでしょうか。

建築確認は安全確認を事前に行うことで、用途変更は目的変更が可能か確認する作業です。

　建築確認とは、建築物が建築基準法や建物を建てる際のさまざまな規制を守っているかどうかを、建物を建てる前に行政が事前にチェックをする制度です。また、すでに建築済の建物などが、建築時に建物用途以外の用途に利用する場合も「用途変更の確認申請」が必要になります。

　民泊で関係するのは、用途変更です。具体的には、「住宅」や「共同住宅」を「ホテル又は旅館」に用途変更するケースです（住宅宿泊事業法では、建物用途を「住宅」や「共同住宅」のまま宿泊事業が行えます）。建築確認は、建築主事や指定確認検査機関が行います。建築主事は、建築基準適合判定資格者で登録者のうち、都道府県知事や市町村長により任命された地方公共団体の職員がなります。また、指定確認検査機関とは、国や都道府県の指定を受けた民間の団体のことです。

　なお、よく用途面積が100㎡未満（法改正後は200㎡）であれば、用途変更が不要であると誤解されることが多いのですが、この場合でも用途変更に該当します。100㎡未満（法改正後は200㎡）では、確認申請という手続きが不要になるだけですので、用途変更に合わせた安全基準への適合（建築基準法の遵守）は避けることができないことに注意が必要です。

Question 13 もうすぐ建築基準法の確認申請の基準が緩和されるのでしょうか。

用途変更面積100㎡という基準が建築基準法の改正で、200㎡に変更されました。

　一般的に建物用途を「住宅」から「ホテル又は旅館」に変更するなど、建物の用途変更をする際に、用途変更の確認申請という手続きが必要になります（前ページ）。

　一方で、現行法では、用途変更する面積が100㎡に満たない場合、この手続きを省略することができます（ただし、建築基準は現行法に適合させないといけないのは変わりありません）。

　この100㎡という基準が2018年の建築基準法改正で、100㎡から200㎡に変更（緩和）されました。

　この改正により、改修されうる空き家が大幅に増えることで、ホテル・旅館や簡易宿所などの旅館業取得のハードルはさらに下がったといえます。

　なお、この用途変更面積の基準以外にも、戸建住宅等（延べ面積200㎡未満で3階建て以下）を旅館など他の用途とする場合に、宿泊者が迅速に避難できる措置を講じられるのであれば、耐火建築物等とすることが不要になります。

　これまで3階建ての木造住宅を旅館に用途変更することが困難でしたが、少なくとも耐火構造という条件については軽減されたことになります（その他の条件は次ページ参照）。

第5章 ● 民泊ビジネスに関連する建築基準法や消防法の知識

住宅を「ホテル又は旅館」に用途変更する際の注意点について教えてください。

耐火設備の完備や、建ぺい率、容積率が建築基準を満たすか確認する必要があります。

用途面積が100㎡（200㎡）未満であると100㎡（200㎡）以上であるとにかかわらず、「住宅」から「ホテル又は旅館」に用途変更する場合は、多くの注意点が発生します。

自治体によって、若干の取扱いは異なりますが、「住宅」から「ホテル又は旅館」に用途変更する場合、主に以下のような適合義務が課されます。

・耐火性能の確保
・排煙設備の設置
・非常用照明装置の設置
・階段の寸法、手すりの設置など
・廊下の幅
・間仕切壁の仕様（準耐火構造等の壁を天井裏まで達すこと）
・面積等により2以上の直通階段設置

●建ぺい率や容積率の問題

用途変更によって新しい基準に適合させるのが困難になりやすいのが建ぺい率や容積率です。

建ぺい率とは、「敷地に対する建築面積の割合」で、容積率は「敷地面積に対する建築物の延べ面積の割合」です。

これらの割合は土地ごとに法的に定められています。たとえば、

敷地面積が100㎡で建ぺい率が60%、容積率が100%と定められている地域にある建物を民泊に活用する場合、建築面積（建物を上から見たときの土地に対する建物の割合）が60㎡までの建物であるか確認しなければなりません。

また、2階建ての場合、各階の床面積が50㎡以内、3階建ての場合1階あたりの床面積が33㎡以内かを確認する必要があります。

建ぺい率や容積率は土地ごとに決まっているのだから、超えているわけがないと思われがちですが、古い建物の場合は、すでに建物が建ってから、建ぺ率や容積率に変更が加えられている既存不適各物件があります。

また、前の建物の所有者が建築確認をせずに行った増築などが建ぺい率や容積率を超えることになってしまった場合もあります（こちらは既存不適格ではなく、違法建築物です）。

東京都内にもありますが、大阪府内、京都市内などでは古い住宅が多い分、こういった建ぺい率・容積率オーバーの既存不適格建築物が結構たくさんあります。

住宅から宿泊施設に用途変更すると、たちまち違法建築物となってしまいますので、注意が必要です。

■ 建ぺい率と容積率のイメージ

敷地100㎡
建ぺい率が60%の場合
60㎡までの建築面積

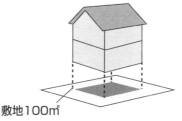
敷地100㎡
容積率が100%の場合
100㎡までの延べ面積

第5章 ● 民泊ビジネスに関連する建築基準法や消防法の知識

民泊では接道義務が問題になると聞きました。どのような義務ですか。

防災活動などのために、建物が一定程度の幅の道路に面しなければならない義務です。

　接道義務自体は、民泊に限らない話でもありますが、建築基準法では、ホテルや旅館などの建物は幅員4m以上の道路に2m以上面していることが求められています。

　通常の住宅であれば、この条件を満たしていなくても、問題はありませんが、旅館業を営む際に建物が「住宅」から「ホテル又は旅館」に用途が変更されるために接道義務が問題になります（住宅宿泊事業では、用途変更にあたりません）。

　接道義務が課せられる理由は、道路が防災活動や避難活動の手段となることや、道路が日照・通風の確保等、生活をする上で重要な役割を担っているためで、道幅も狭く、私道などの路地奥にあるような建物で旅館業を営むことはできません。

　ただし、接道条件を満たしていない場合や、私道に接している路地奥にある建物であっても、自治体の条例などで例外的に旅館業が認められる場合もあります。たとえば、京都市では私道である路地の幅員が1.5m以上あり、昭和25年5月以前から存在する建物等の一定の要件を満たせば旅館業が認められます。また、接道義務を考える際、建物が幅員4m以上の道路に2m以上面しているということ以外に、そもそも前面道路が、建築基準法上の道路に該当するか否かの確認も重要です。

道路の定義には、細かく言うと道路法に定める道路や、道路交通法に定める道路、刑法に定める道路など、さまざまなものがあるためです。以下、建築基準法上の道路を個別に説明します。
① 1号道路：国道、都道府県道、市町村道、区道などを指します。これらは幅員が4m以上のものしかありません。公道がこれにあたります。
② 2号道路：都市計画法、土地区画整理法、都市再開発法など一定の法律に基づいて造られた道路です。必ずしも公道でではなく、私道の場合もあります。
③ 3号道路：建築基準法施行時の昭和25年11月23日にすでに幅員4m以上あった道路を指します。公道、私道を問いません。既存道路とも呼ばれます。
④ 4号道路：都市計画法で2年以内に新設や変更の事業が予定されている道路を指します。都市計画道路ともいいます。
⑤ 5号道路：民間が申請を行った結果、行政から位置の指定を受けて築造された道路を指します。位置指定道路ともいいます。
⑥ 2項道路：道幅1.8m以上4m未満で建築基準法施行時に家が立ち並んでいた道で、一定条件のもと特定行政庁（建築主事）が指定した道路を指します。2項道路やみなし道路と呼びます。

■ **接道状況ごとの旅館業の可否**

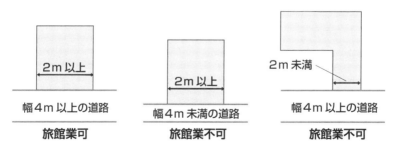

第5章 ● 民泊ビジネスに関連する建築基準法や消防法の知識　225

民泊は火災に関するリスクが高いと聞きます。詳しく教えてください。

火災保険や周辺被害者からの賠償責任の観点で不利な立場に立つ可能性があります。

　最近は許可や届出を受けない状態で、住宅に人を宿泊させるビジネスが減少し、建物の用途を「ホテル又は旅館」に変更することが増えてきましたが、住宅宿泊事業の届出については、法律上、「住宅」のまま、例外的に宿泊事業が行うことが認められています。この法律施行とは別に、万が一、民泊施設で火災が発生した場合の取扱いの問題があります。

　というのも、しっかり旅館業の許可を受けて建物が「ホテル又は旅館」となっており、専用の火災保険に加入していれば問題ありませんが、住宅宿泊事業のような住宅と宿泊者用の居室が混在するような建物で火災が発生した場合、通常の住宅部分のみしか保険の対象とならないケースが多く見られるからです。

　また、賃貸借契約などの借主（民泊であれば宿泊者）が火災を起こした場合、その貸主（大家）にまで周辺に広がった火災の損害賠償責任を負わせるのは酷だということで失火責任法では、近隣の建物で火元とする火災が発生しても火元の建物所有者等は損害賠償責任が免除されます。ただし、失火責任法は「失火者に重大な過失がある場合は、この限りではない」と規定されており、民泊の場合は、この「重大な過失」要件が不利に働く可能性が高い（賠償責任が免除されない）とされています。

第6章

必要書類の書き方と書式

住宅宿泊事業関係の書類の書き方と書式

書類の書き方

　住宅宿泊事業の届出や、住宅宿泊管理業の登録に必要となる申請書類自体はそれぞれ、あまり複雑なことを記載することもなく、他の行政手続きに比べれば簡単な部類に入ります。しかし、それぞれの記載内容は住宅宿泊事業法に定める各種の要件をクリアしていることを示すものとなり、個々の書類に記載する事柄が何を意味するのかなど、一つひとつ理解しながら記載しなければ、せっかくの届出をしても、「記載事項の不備」や「必要な書類が不足している」といった理由により営業開始ができなくなるおそれがあります。この章では、東京都新宿区において、宅間ひろしが家主非同居型による住宅宿泊事業の届出をする場合を例に、主な書式の書き方を説明します。なお、本書で掲載している書式はあくまでサンプルの一例であり、各都道府県の窓口によってそれぞれ判断が違う場合があります。詳細は、所管の担当窓口まで問い合わせてみてください。

・**住宅宿泊事業届出書**（231 ～ 235ページ）

　第一面では、届出者が法人の場合は商号と代表者名、電話番号を記入し代表者印を押印します。個人の場合は個人名（または屋号と個人名）となります。届出者が未成年者である場合には、法定代理人の同意書を添付する必要があります。

　第二面では、届出者が未成年者や成年被後見人である場合、法定代理人（法定代理人が個人の場合）や、法定代理人の代表者に関する事項（法定代理人が法人である場合）、法定代理人の役員に関する事項（法定代理人が法人である場合）などについて第一面の記入方法に合わせて記入します。届出者が未成年者や成年被

後見人でない場合、書式の余白部分に「該当なし」と記入します。

　第三面では、届出者が法人の場合に第一面で記入した代表者以外の役員について第一面の記入方法に合わせて記入します。代表者以外に役員がいない場合は未記入とし、書式の余白部分に「該当なし」と記入します。

　第四面には、届出者が住宅宿泊管理業者の場合のみ、登録年月日と登録番号、住宅に関する郵便番号や所在地を記載します。不動産番号は、添付する不動産登記事項証明書に記載されている13桁の番号を記入します。「第2条各号に掲げる家屋の別」は、家主同居型（届出者の生活の本拠が届出住宅の住所と一致）の場合は「現に人の生活の本拠として使用されている家屋」にチェックを入れます。「住宅の建て方」には、届出住宅の建物用途に合わせてチェックします。なお、共同住宅はマンション、寄宿舎は寮やアパートのような便所や風呂が共同の住宅をいいます。

　居室とは、宿泊者が占有する部屋をいいます。宿泊者の占有ではない台所、浴室、便所、洗面所、廊下の他、押入れや床の間は含みません。この欄に記入する数字は内寸面積（内のり）です。宿泊者の占有可否で取扱いが異なるので、戸建ての場合は、家主同居型か家主非同居型（一棟貸し）により、計算が異なります（116ページ参照）。

　宿泊室とは、宿泊者が就寝するために使用する部屋で、押入れや床の間は含みません。面積の算定方法は壁その他の区画の中心線で囲まれた部分の水平投影面積（壁芯）とします。「宿泊者の使用に供する部分の面積」とは、宿泊者の占有か住宅宿泊事業者との共有かを問わず、宿泊者が使用可能な箇所をすべて計算します。なお、宿泊室の面積は除きますが、台所、浴室、便所、洗面所をはじめ、押入れや床の間、廊下も含みます。面積の算定方法は宿泊室同様、水平投影面積（壁芯）となります。このような

第6章 ● 必要書類の書き方と書式　229

「内のり」と「壁芯」が混同している理由は、住宅宿泊事業法の所管が厚生労働省と国土交通省にまたがっているためと考えられます。届出者の営業所等が別にある場合、この欄に記載します。

　第五面では、家主非同居型の場合、管理業務を住宅宿泊管理業者に委託することが必須となるため、必ず記載しておきます。家主同居型の場合は、「住宅に人を宿泊させる間、不在とならない」にチェックします。届出住宅を賃借している場合は「賃借人に該当する」にチェックを入れ、「賃貸人が住宅宿泊事業の用に供することを目的とした賃借物の転貸を承諾している」にもチェックを入れます。この場合、必ず添付書類として貸主の使用承諾書などを添付します（82ページ）。「転貸借」に関するものも同様です。

　分譲マンションなど区分所有がある住宅の場合、「住宅がある建物が、二以上の区分所有者が存する建物で人の居住の用に供する専有部分のあるものに該当する」にチェックを入れます。この場合、必ず隣にある「規約に住宅宿泊事業を営むことを禁止する旨の定めがない」にチェックが必要となり、実際にそれらの疎明資料や届出者の誓約書などが添付書類で必要になります。

　それ以外の場合は、「住宅がある建物が、二以上の区分所有者が存する建物で人の居住の用に供する専有部分のあるものに該当しない」にチェックします。

・欠格事由に該当しない誓約書（236 〜 237ページ）

　届出者や届出する法人の役員が、法律に定められている欠格事由（113ページ）に該当しないことを誓約する書類です。法人の場合は、役員全員分が必要です。役員とは株式会社の場合、取締役、執行役、会計参与、監査役などを指します。財団法人や社団法人では、理事や監事です。

✏ 書式　住宅宿泊事業届出書

第一号様式（第四条関係）　　　　　　　　　　　　　　　　　　　　　（Ａ４）

住 宅 宿 泊 事 業 届 出 書

（第一面）

　　住宅宿泊事業法第３条第１項の規定により、住宅宿泊事業の届出をします。
　　この届出書及び添付書類の記載事項は、事実に相違ありません。

　　　　　　　　　　　　　　　　　　　　　　　　　　　○○ 年 ○○ 月 ○○ 日

　東京都知事 殿

届出者	商 号 又 は 名 称	
	氏　　　　　名	宅間　ひろし　　　㊞
	（法人である場合においては、代表者の氏名）	
	電 話 番 号	03-0000-0000
	ファクシミリ番号	03-0000-0000

受付番号　　　　　　　　　受付年月日
　|　|　|　|　|　|　　　|　|　|　|　|　|

＊	届出番号	第		号
＊	届出年月日	年	月	日

◎　商号、名称又は氏名、住所及び連絡先

法 人 番 号													法人・個人の別
フ リ ガ ナ	タ	ク	マ		ヒ	ロ	シ						②1．法人
商号、名称又は氏名	宅	間		ひ	ろ	し							2．個人
郵 便 番 号	1	6	0	－	0	0	0	0					
住　　　　所	東	京	都	新	宿	区	○	○	町	○	－	○	－○
電話番号又は電子メールアドレス	0	3	－	0	0	0	0	－	0	0	0	0	確認欄 ＊

◎　代表者又は個人に関する事項

フ リ ガ ナ	タ	ク	マ		ヒ	ロ	シ				
氏　　　　　名	宅	間		ひ	ろ	し					
生 年 月 日	H	－	0	1	年	0	1	月	1	0	日
性　　　　別	☑ 男性　　□ 女性									確認欄 ＊	

第６章 ● 必要書類の書き方と書式　231

(第二面)

受付番号
※ ☐☐☐☐☐

該当なし

◎ 法定代理人に関する事項

フ リ ガ ナ	
商号、名称 又 は 氏 名	
郵 便 番 号	－
住　　　　所	
生 年 月 日	－ 年 月 日
性　　　　別	☐ 男性　☐ 女性

法人・個人の別
☐ 1．法人
　2．個人

確認欄
※

◎ 法定代理人の代表者に関する事項（法人である場合）

フ リ ガ ナ	
氏　　　　名	
生 年 月 日	－ 年 月 日
性　　　　別	☐ 男性　☐ 女性

確認欄
※

◎ 法定代理人の役員に関する事項（法人である場合）

フ リ ガ ナ	
氏　　　　名	
生 年 月 日	－ 年 月 日
性　　　　別	☐ 男性　☐ 女性

確認欄
※

フ リ ガ ナ	
氏　　　　名	
生 年 月 日	－ 年 月 日
性　　　　別	☐ 男性　☐ 女性

確認欄
※

フ リ ガ ナ	
氏　　　　名	
生 年 月 日	－ 年 月 日
性　　　　別	☐ 男性　☐ 女性

確認欄
※

フ リ ガ ナ	
氏　　　　名	
生 年 月 日	－ 年 月 日
性　　　　別	男性 ☐　女性 ☐

確認欄
※

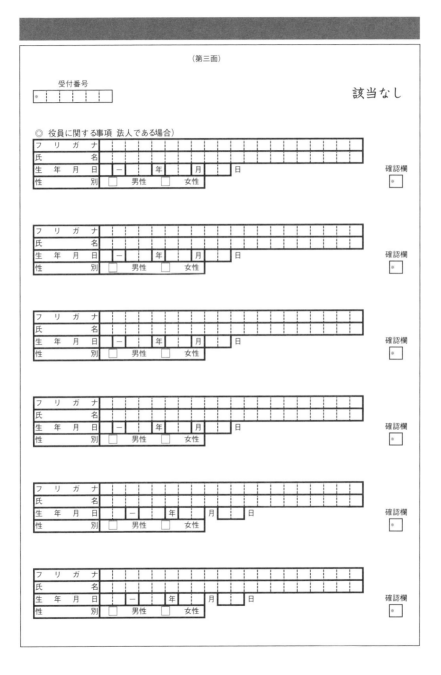

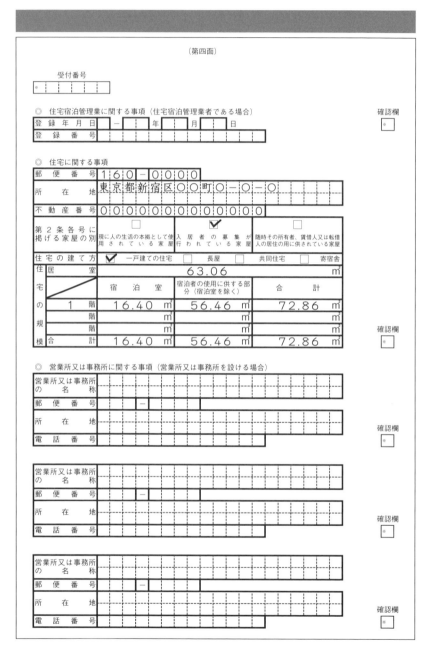

（第五面）

受付番号
※ | | | | | |

◎ 住宅宿泊管理業務の委託に関する事項（住宅宿泊管理業務を委託する場合）

住宅宿泊管理業者	フリガナ	コウノフドウサン																	
	商号、名称又は氏名	株式会社甲野不動産																	
	登録年月日	0	-	0	0	年	0	0	月	0	0	日							
	登録番号	0	0	0	0	0	0	0	0	0	0	0	0	0	0	0	0	0
	管理受託契約の内容	別紙の管理受託契約の写しのとおり																	

確認欄
※

◎ その他の事項

☐ 住宅に人を宿泊させる間、不在（法第11条第1項第2号の国土交通省令・厚生労働省令で定めるものを除く。）とならない

☑ 賃借人に該当する	☑ 賃貸人が住宅宿泊事業の用に供することを目的とした賃借物の転貸を承諾している
☐ 賃借人に該当しない	
☐ 転借人に該当する	☐ 賃貸人及び転貸人が住宅宿泊事業の用に供することを目的とした転借物の転貸を承諾している
☑ 転借人に該当しない	
☐ 住宅がある建物が、二以上の区分所有者が存する建物で人の居住の用に供する専有部分のあるものに該当する	☐ 規約に住宅宿泊事業を営むことを禁止する旨の定めがない（当該規約に住宅宿泊事業についての定めがない場合は、管理組合に届出住宅において住宅宿泊事業を営むことを禁止する意思がない旨を含む。）
☑ 住宅がある建物が、二以上の区分所有者が存する建物で人の居住の用に供する専有部分のあるものに該当しない	

確認欄
※

第6章 ● 必要書類の書き方と書式　235

書式　欠格事由に該当しない誓約書

様式B（国・厚規則第四条第四項第二号ニ関係）　　　　　　　　　　（A4）

誓　約　書

（個人用）

　届出者、法定代理人及び法定代理人の役員は、住宅宿泊事業法第4条第1号から第6号まで及び第8号のいずれにも該当しない者であることを誓約します。

○○○○ 年 ○月 ○日

氏　　　　名　　　　宅間　ひろし　　　　　㊞
法 定 代 理 人
商 号 又 は 名 称
氏　　　　名　　　　　　　　　　　　　　　印
（法人である場合においては、代表者の氏名）

東京都知事　殿

様式A（国・厚規則第四条第四項第一号カ関係）　　　　　　　　　　　　　（A4）

誓　約　書

（法人用）

　　届出者及び届出者の役員は、住宅宿泊事業法第4条第2号から第4号まで、第7号及び第8号のいずれにも該当しない者であることを誓約します。

　　○○○○年○月○日

　　　　　商号又は名称　　**株式会社　住宿**
　　　　　代表者の氏名　　**代表取締役　住吉　活弘**　㊞

　　　　東京都知事　殿

住宅宿泊管理業の必要書類の書き方と書式

書類の書き方

・住宅宿泊管理業者登録申請書（240 ～ 245ページ）

　第一面では、登録申請者が法人の場合は商号と代表者名、電話番号を記入し代表者印を押印します。個人の場合は個人名（または屋号と個人名）となります。登録申請者が未成年者である場合においては、法定代理人の同意書を添付する必要があります。

　「申請時の登録番号」の欄は、更新の場合のみ記入します。新規の場合は「1」を、更新の場合は「2」を記入します。法人番号は、登録申請者が法人である場合にのみ記入します。

　第二面は、申請者が未成年者や成年被後見人である場合、法定代理人（法定代理人が個人の場合）や、法定代理人の代表者に関する事項（法定代理人が法人である場合）、法定代理人の役員に関する事項（法定代理人が法人である場合）などについて第一面の記入方法に合わせて記入します。申請者が未成年者や成年被後見人でない場合、書式の余白部分に「該当なし」と記入します。

　第三面は、申請者が法人の場合に第一面で記入した代表者以外の役員について第一面の記入方法に合わせて記入します。代表者以外に役員がいない場合は書式の余白部分に「該当なし」と記入します。

　第四面は、住宅宿泊管理業を営む営業所や事務所についてのみ記入します。たくさんあり、書ききれない場合は、同じ書式を複数用いてすべて記入します。主たる営業所又は事務所の場合は「1」、従たる営業所又は事務所の場合は「2」を記入します。主たる営業所又は事務所の場合「本店」、従たる営業所又は事務所の場合、支店名を記入します。商号は記載不要です。

第五面は、宅地建物取引業の免許、マンション管理業者の登録、賃貸住宅管理業者の登録を受けている場合に記入します。「免許等の年月日」の欄は、免許の有効期間の開始日ではなく、免許を与えられた年月日（免許の有効期間の開始日の前日）を記入します。

　第六面は登録手数料に関する登録免許税納付書、領収証書、収入印紙や証紙の貼付欄です。登録申請手数料は新規の場合、90,000円（登録免許税の納付）更新の場合は19,700円（収入印紙等で納付）となります。

・その他にどのような書類が必要となるか

　住宅宿泊管理業の登録手続きでは、上記の登録申請書以外にも以下のような内容を記載した添付書類を提出する必要があります。その多くが住宅宿泊管理業者の要件（132ページ）を満たすかどうかを示す書類となっています。

① 略歴書

　登録申請者自身の略歴を示すものです。法人の場合はすべての役員の略歴書が必要となります。その他、定款や登記事項証明書なども必要です。

② 相談役、顧問、株主に関する詳細

　相談役や顧問、株主の氏名、成年月日、性別、住所の他、保有株式の数（出資金額）や割合を示します。

③ 誓約書

　住宅宿泊管理業の欠格事由（132ページ）に該当しないことを申請者自身が誓約するものです。

④ 財産的基礎を示すもの

　納税証明書や直近の決算書（貸借対照表、損益計算書）です。

⑤ 業務を遂行できる体制があることを示すもの

　一定の資格や実務経験を証する書類と、業務遂行体制（133ページ記載の人的なものや設備的なもの）を示します。

書式 住宅宿泊管理業者登録申請書

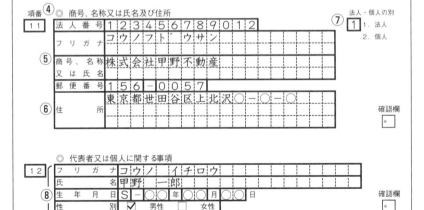

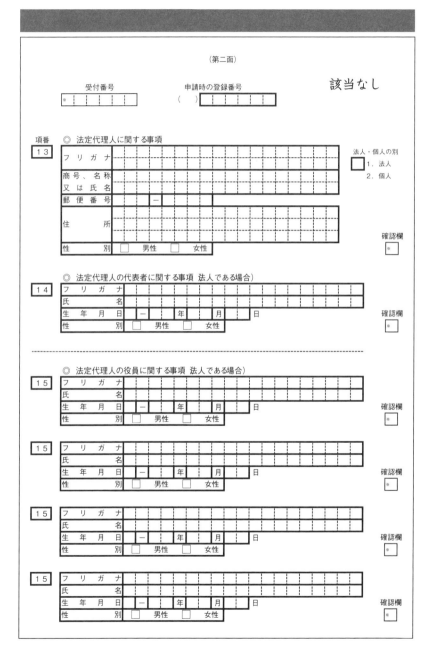

第6章 ● 必要書類の書き方と書式

(第三面)

受付番号　　　　　　　申請時の登録番号

※ | | | | | |　　　（　　）| | | | | |

項番　　◎ 役員に関する事項 法人である場合）

21

フ　リ　ガ　ナ	サトウ　ジ　ロウ
氏　　　　　名	佐藤　二郎
生　年　月　日	S － △△ 年 △△ 月 △△ 日
性　　　　　別	☑ 男性　　□ 女性

確認欄 ※

21

フ　リ　ガ　ナ	スス　キ　ミカ
氏　　　　　名	鈴木　三佳
生　年　月　日	S － □□ 年 □□ 月 □□ 日
性　　　　　別	□ 男性　　☑ 女性

確認欄 ※

21

フ　リ　ガ　ナ	タナカ　ミヨコ
氏　　　　　名	田中　美四子
生　年　月　日	S － ×× 年 ×× 月 ×× 日
性　　　　　別	□ 男性　　☑ 女性

確認欄 ※

21

フ　リ　ガ　ナ	
氏　　　　　名	
生　年　月　日	－ 年 月 日
性　　　　　別	□ 男性　　□ 女性

確認欄 ※

21

フ　リ　ガ　ナ	
氏　　　　　名	
生　年　月　日	－ 年 月 日
性　　　　　別	□ 男性　　□ 女性

確認欄 ※

21

フ　リ　ガ　ナ	
氏　　　　　名	
生　年　月　日	－ 年 月 日
性　　　　　別	□ 男性　　□ 女性

確認欄 ※

（第四面）

受付番号 ＊　｜　｜　｜　｜　｜

申請時の登録番号 （　　）｜　｜　｜　｜　｜

項番

◎　営業所又は事務所に関する事項

30	営業所又は事務所の別	**1**	1. 主たる営業所又は事務所　　2　従たる営業所又は事務所
	営業所又は事務所の名称	本店	
	郵　便　番　号	1 5 6 － 0 0 5 7	
	所　在　地	東京都世田谷区上北沢○－○－○	
	電　話　番　号	0 3 － 0 0 0 0 － 0 0 0 0	確認欄 ＊

30	営業所又は事務所の別	**2**	1. 主たる営業所又は事務所　　2　従たる営業所又は事務所
	営業所又は事務所の名称	千代田営業所	
	郵　便　番　号	1 0 2 － 8 6 8 8	
	所　在　地	東京都千代田区○○○○－○－○	
	電　話　番　号	0 3 － 0 0 0 0 － 0 0 0 0	確認欄 ＊

30	営業所又は事務所の別		1. 主たる営業所又は事務所　　2　従たる営業所又は事務所
	営業所又は事務所の名称		
	郵　便　番　号	－	
	所　在　地		
	電　話　番　号		確認欄 ＊

30	営業所又は事務所の別		1. 主たる営業所又は事務所　　2　従たる営業所又は事務所
	営業所又は事務所の名称		
	郵　便　番　号	－	
	所　在　地		
	電　話　番　号		確認欄 ＊

第6章 ● 必要書類の書き方と書式　243

（第五面）

受付番号　　　　　　申請時の登録番号

項番　　◎　既に有している免許又は登録

31

業の種類	免許等の番号	免許等の年月日
宅地建物取引業法第3条第1項の免許	東京都知事(02)第00000号	平成23年4月1日
マンションの管理の適正化の推進に関する法律第44条第1項の登録		
国土交通大臣の登録を受けている賃貸住宅管理業者		

(第六面)

登録免許税納付書・領収証書、収入印紙又は証紙はり付け欄

（消印してはならない。）

届出や登録をオンラインで行う手続き

手続きの仕方

　住宅宿泊事業の届出や、住宅宿泊管理業の登録をオンラインで行うには、検索サイトで「民泊制度運営システム」という単語を入力して探すか、Webブラウザに「https://www.mlit.go.jp/kankocho/minpaku/」と入力してアクセスするのがよいでしょう。

　現在利用が多くなると考えられている電子署名を使わない「③書類作成のみ」の種類を例に、実際の「民泊制度運営システム」について説明します（手続きは、住宅宿泊事業届出を想定）。

　まず、「民泊制度運営システム（民泊制度ポータルサイト）」にアクセスし、トップページの「民泊を始める」のカテゴリ内にある「民泊制度運営システムの利用方法」をクリックします。

　「民泊制度運営システムの利用方法」ページ内にある「利用者登録」をクリックします。

続いて表示される「民泊制度運営システム利用にあたっての注意事項」に問題なければ「確認」をクリックします。

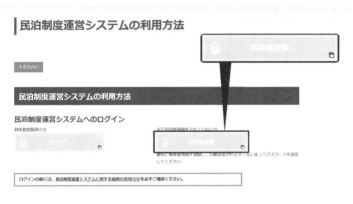

「事業者登録」画面で「事業者区分（ここでは、住宅宿泊事業者）を選択し、「姓名」「メールアドレス」を入力し、「私はロボットではありません」にチェックを入れて、申請をクリックすると、記載したメールアドレス宛に「仮登録メール」が送信されます。

第6章 ● 必要書類の書き方と書式　247

送られてきたメール本文の登録確認用ＵＲＬをクリックすると、パスワード設定画面になりますので、パスワードを設定します。

　パスワード設定後、「宿泊事業者メニュー」が表示されますので、「届出書作成」をクリックします。

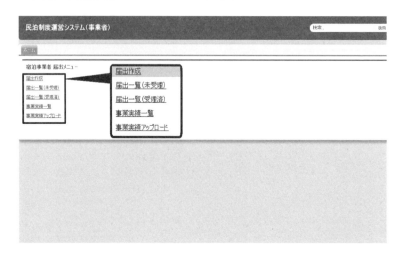

238～239ページの説明を参考に、それぞれ必要な事項を入力します。

すべての必要事項を入力し終えたら、最下部にある「届出書出力」をクリックします。今回は、電子署名を使わない「③書類作成のみ」の種類を例にしていますので、添付書類の欄にチェックを追加する必要はありません。

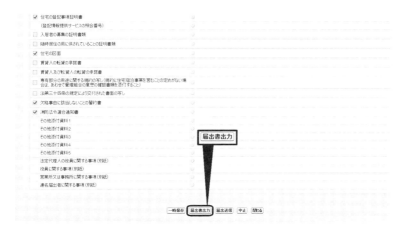

第6章 ● 必要書類の書き方と書式　249

消防関係の届出

消防法に関する手続き

　旅館業許可申請や住宅宿泊事業届出に必要となる消防法関係の手続きには以下のような書類を作成する必要があります。

・**消防用設備等（特殊消防用設備等）設置届出書（252ページ）**

　火災発生場所の感知器の信号を建物全体に警報音を伝えることができる自動火災警報装置の設置義務は免れることができません。ただし、この設備や設置工事の費用はかなり高額になるため、小規模な施設にとっては本格的すぎる設備だといえます。そのため、2015年4月1日から延べ面積が300㎡未満の場合、簡易な無線連動式自動火災報知設備の設置さえ行えば、本格的な設備の設置は免除されています。したがって、事前に消防署にこの設置届書の提出について相談しておく必要があります（自治体によっては事前に承認申請をしなければならない場合があります）。

　また、住宅宿泊事業の場合、宿泊室延べ面積50㎡以下の家主同居型であれば、住宅用の設備を備えれば良いとされています。

　「防火対象物の概要」は、宿泊施設に関する概要を登記記載事項に従って記載します。

　「消防用設備等（特殊消防用設備等）の種類」は、特定小規模施設用自動火災報知設備等を記載します。

　「工事」欄は実際に工事を依頼する電気工事士や消防設備士の名称等を記載します。

　なお、通常の自動火災報知設備を設置できる資格は、消防設備士（甲種）のみとなっていますが、配線工事が不要な無線連動式自動火災報知設備の場合は、消防設備士の資格を有さない電気工事士でもかまいません。

・**防火対象物使用開始届出書**（253ページ）

　防火対象物は、不特定多数の人間が出入りするため、万が一火災が発生すると、甚大な被害が発生します。そのため、一般の建造物よりも防火に対する管理は高度なものが要求されることになります。

　「**届出者**」には、防火対象物（宿泊施設）を使用しようとする者の住所、電話番号、氏名を記載し、押印します。法人の場合は、本店所在地、電話番号、商号、代表者氏名を記載します。

　「**敷地の概要**」には、宿泊施設がある土地関係の詳細を記載します。防火地域や用途地域は、都道府県ホームページや所管の都市整備局等ホームページで検索し、確認できることも多いようです。「**防火対象物の概要**」には宿泊施設そのものの詳細を記載します。「用途」の項目は消防庁のホームページに掲載されている「消防法施行令別表第一（防火対象物の用途区分表）」に従って記載します。たとえば、簡易宿所や住宅宿泊事業（家主非同居型）であれば「⑸項イ」となり、共同住宅と宿泊施設の複合の場合は、「⒃項イ」となります。

　「**設計・施工者等**」には、実際に設計、施行を行った業者に詳細を確認した上で記載します。

　「**裏面**」には、届出の理由（建築、改装等の工事となります）を具体的に記載します。配置図については、建物の一部の場合は建物全体と宿泊施設に用いる部分がわかるように作成します。

　戸建ての場合は、隣接する建物や避難経路と想定される通路を記載しますが、連棟の場合、隣接する界壁が天井裏まで耐火構造となっているかなどを明示する必要があります。

・**消防法令適合通知書交付申請書**（255ページ）

　消防法令適合通知書交付申請書は、営業しようとする業種によって「申請理由区分」を選択します。本書で取り上げた京都市の書式では、旅館業の例を用いたものを掲載しておきます。

書式　消防用設備等（特殊消防用設備等）設置届出書

第8号様式の4（第14条の3関係）

消防用設備等（特殊消防用設備等）設置届出書

平成○○年○○月○○日

東京消防庁
　　消防署長　殿

届出者
　住　所　東京都大田区大森南○丁目○番地○
　　　　　電話　03（○○○○）○○○○
　氏　名　株式会社　スター
　　　　　代表取締役　星　輝夫　㊞

下記のとおり、消防用設備等（特殊消防用設備等）を設置したので、火災予防条例第58条の3第1項の規定に基づき届け出ます。

記

防火対象物の概要	名　　称	宿屋蒲田本町				
	所　在　地	東京都大田区蒲田本町○丁目○番地○				
	用　　途	（　5　）項　（　イ　）				
	構造・階層	木　造地上　2　階　地下　　階				
	面　　積	敷地面積　36.34 ㎡　　床面積　　　　　　35.43 ㎡ 延べ面積　35.43 ㎡				
工事	消防用設備等（特殊消防用設備等）の種類	特定小規模施設用自動火災報知設備				
	種　　別	新設・増設・移設・取替え・改造・その他（　　　　　　　）				
	設計者	住　所	東京都大田区池上○丁目○番地○　電話 03（○○○○）○○○○			
		氏　名	醍醐　恵			
	施工者	住　所	東京都大田区池上○丁目○番地○　電話 03（○○○○）○○○○			
		氏　名	醍醐　恵			
	消防設備士	住　所	東京都大田区池上○丁目○番地○　電話 03（○○○○）○○○○			
		氏　名	醍醐　恵			
		免　状	種類等 甲 ・種類 乙	交付知事 東京 都道 府県	交付年月日 H2年2月22日 交付番号 第00000号	講習受講状況 受講地　受講年月 東京　都道　H27年2月 府県
完成年月日						
※　受付欄				※　決裁欄		

備考　1　届出者が法人の場合、氏名欄には、その名称及び代表者氏名を記入すること。
　　　2　※欄には、記入しないこと。

（日本工業規格A列4番）

書式　防火対象物使用開始届出書

第3号様式の2（第12条の2関係）
　　　　　　　　　　　　　　（表）

　　　　　　　　　　防火対象物使用開始届出書
　　　　　　　　　　　　　　　　　　　　　　平成○○年　○月　○日
東京消防庁
　○○消防署長　殿
　　　　　　　　　　　届出者
　　　　　　　　　　　　住　所　東京都大田区大森南○丁目○番地○
　　　　　　　　　　　　　　　　電話　03　（○○○○）○○○○
　　　　　　　　　　　　氏　名　株式会社スター
　　　　　　　　　　　　　　　　代表取締役　星　輝夫　㊞
　下記のとおり、防火対象物又はその部分の使用を開始したいので、火災予防条例第
○条の○第○項の規定に基づき届け出ます。
　　　　　　　　　　　　　　　記

敷地の概要	名　称	木造 地上2階		
	所在地	東京都大田区蒲田本町○丁目○番地○		
	防火地域	防火地域	用途地域	近隣商業地域
	敷地面積	36.34㎡		
防火対象物の概要	工事等場所	宿屋蒲田本町		
	所有者	住　所	東京都大田区大森南○丁目○番地○電話　03　（○○○○）○○○○	
		氏　名	株式会社スター　代表取締役　星　輝夫	
		所有形態	（単独）・共有・区分・その他	
		分　類	証券化・指定管理・民間資金活用（PFI）その他（　　　）	
	所有者との関係	（本人）・賃借・転借・その他（　　　）		
	工事等開始日	平成○○年○月○日	使用開始日	平成○○年○月○日
	工事等種別	内装		
	用　途	（5）項イ（　簡易宿所ラウンジ　）		
	面積等	建築面積　○○○.○○㎡　延べ面積　○○○.○○㎡		
	構造・階層	鉄筋コンクリート造　地上8階　地下1階		
設計・施工者等	設計者	住　所	東京都大田区池上○丁目○番地○電話　03　（○○○○）○○○○	
		氏　名	醍醐　恵	
	施工者	住　所	東京都大田区池上○丁目○番地○電話　03　（○○○○）○○○○	
		氏　名	醍醐　恵	
	防火安全技術講習修了者	住　所		電話　（　　）
		氏　名		
		修了証番号		修了年月日
		修了課程		
	石油機器技術管理講習修了者	住　所		電話　（　　）
		氏　名		
		修了年月日		修了証番号
※受付欄			※経過欄	

具体的な記載方法がわからない場合には、管轄の消防署の予防係に相談する。

（日本工業規格A列4番）

（裏）

| 工事等の概要 | 1　宿泊施設への用途変更に伴う工事である
2　特定小規模施設用自動火災報知設備、設置の対象である |

配　置　図

備考　1　届出者が法人の場合、氏名欄には、その名称及び代表者氏名を記入すること。
　　　2　同一敷地内に管理権原が同一である2以上の防火対象物がある場合は、主要防火対象物のみ本届出書とし、他は防火対象物の概要欄を別紙として防火対象物ごとに作成し、添付することができる。
　　　3　防火安全技術講習修了者欄は、当該講習修了者が本届出書の内容について消防関係法令に適合しているかどうかを調査した場合に記載すること。
　　　4　石油機器技術管理講習修了者欄は、地震動等により作動する安全装置を設けることとされている設備又は器具を設置（変更）する場合に記載すること。
　　　5　※欄には、記入しないこと。
　　　6　工事等の概要欄には具体的な工事等の概要を記載すること。
　　　7　配置図欄には防火対象物の配置図を記載すること。

書式　消防法令適合通知書交付申請書

第1号様式（第2条関係）

消防法令適合通知書交付申請書

（宛先）京都市　　消防署長	年　　　月　　　日
申請者の住所（法人にあっては，主たる事業所の所在地） 京都市下京区〇〇町〇〇番地〇〇	申請者の氏名（法人にあっては，名称及び代表者名。記名押印又は署名） 株式会社　井口屋 代表取締役　井口　真助 電話　075-000-000

下記の防火対象物の　全体／部分　について，消防法令適合通知書の交付を申請します。

防火対象物	名　　称	宿屋　おうみ
	所 在 地	京都市中京区河原町通蛸薬師下る△△町〇〇〇番地
申請区分	☑ 旅館業法第3条の規定による営業の許可
	□ 旅館業法施行規則第4条の規定による構造設備の変更の届出
	□ 国際観光ホテル整備法第3条又は第18条第1項の規定による登録
	□ 国際観光ホテル整備法第7条第1項又は第18条第2項において準用する第7条第1項の規定による施設に関する登録事項の変更の届出
	□ 風俗営業等の規制及び業務の適正化等に関する法律第3条の規定による営業の許可
	□ 風俗営業等の規制及び業務の適正化等に関する法律第9条の規定による構造又は設備の変更等の承認又は届出
	□ 興行場法第2条第1項の規定による営業の許可
	□ 京都市興行場法施行細則第7条の規定による構造設備の変更の届出
	□ 公衆浴場法第2条第1項の規定による経営の許可
	□ 公衆浴場法施行規則第4条の規定による構造設備の変更の届出
※　整 理 番 号		※　交 付 番 号	
※　受付年月日	年　月　日	※　交付年月日	年　月　日

注1　「全体／部分」の文字については，該当しない文字を横線で消してください。
　2　申請に係る営業施設が防火対象物の部分の場合は，当該営業施設の名称を（　　）内に記入してください。
　3　該当する□には，レ印を記入してください。
　4　防火対象物の付近見取図，配置図，平面図その他必要な資料を添付してください。
　5　※印の欄は，記入しないでください。

【監修者紹介】
服部 真和（はっとり まさかず）

1979年生まれ。京都府出身、中央大学法学部卒業。京都府行政書士会所属（副会長）特定行政書士。服部行政法務事務所所長。経済産業省認定 経営革新等支援機関。総務省電子政府推進員。シドーコンサルティング株式会社代表取締役。NPO法人京都カプスサポートセンター理事長。ギター弾きとITコーディネータの兼業という異色の経歴から、行政書士に転向する。ソフトウェアやコンテンツなどクリエイティブな側面における権利関係を適切に処理する契約書や諸規程の作成を得意とする。公的融資や補助金を活用した資金調達をはじめ、資金繰り・経営改善支援、その他許可申請などの行政手続きを通して企業活動のサポートを行っている。
監修書に『最新 建設業許可申請手続きマニュアル』『ネットビジネス・通販サイト運営のための法律と書式サンプル集』『最新版 許認可手続きと申請書類の書き方』『最新 ネットトラブルの法律知識とプロバイダへの削除依頼・開示請求の仕方』『ネットビジネス・通販サイト運営のための法律知識』『飲食業開業・許認可申請手続きマニュアル』『不動産ビジネスのための許認可のしくみと手続き』『住宅宿泊事業法と旅館業法のしくみと手続き』（小社刊）がある。

服部行政法務事務所
http://www.gyoseihoumu.com/

すぐに役立つ
図解とQ&Aでわかる
住宅宿泊事業法のしくみと民泊の法律問題解決マニュアル

2018年7月30日　第1刷発行

監修者	服部真和
発行者	前田俊秀
発行所	株式会社三修社
	〒150-0001　東京都渋谷区神宮前2-2-22
	TEL　03-3405-4511　FAX　03-3405-4522
	振替　00190-9-72758
	http://www.sanshusha.co.jp
	編集担当　北村英治
印刷所	萩原印刷株式会社
製本所	牧製本印刷株式会社

©2018 M. Hattori Printed in Japan
ISBN978-4-384-04789-9 C2032

JCOPY 〈出版者著作権管理機構 委託出版物〉

本書の無断複製は著作権法上での例外を除き禁じられています。複製される場合は、そのつど事前に、出版者著作権管理機構（電話 03-3513-6969 FAX 03-3513-6979 e-mail: info@jcopy.or.jp）の許諾を得てください。